할단새

할 단 새
이 길 수필집

초판 1쇄 2014년 10월 23일

펴낸곳 금사과 (주식회사 트리플라인)
펴낸이 곽명규
등록   2000년 4월 4일 (등록 제301-2000-064호)
주소   서울 중구 마른내로 4가길 41 (100-863)
전화   02 2277 6189 (팩스)
이메일 autumnguy@gmail.com

ISBN 978-89-965423-3-9   03810

값은 뒤표지에 있습니다.
저자와의 합의에 따라 인지를 생략합니다.

ⓒ이길 2014
이 책의 판권은 지은이와 금사과/(주)트리플라인에 있습니다.

할 단 새

이 길

2014
금사과

〈추천의 글〉
풍부하게 담긴 진심과 서정
-이길 수필집 '할단새'를 읽고

글을 왜 쓰는가? 문학에 몰입하는 사람에게 이런 질문은 한낱 따분한 우문(愚問)에 불과하다. 그러나 아주 근본적인 이유를 들어 꼭 답이 필요하다면 쓰는 삶을 택했기 때문이라고 말하고 싶다. 쓰지 않고는 견딜 수 없는 불인지심(不忍之心)이 생겨서 쓰고 또 쓰기를 거듭한다. 그러다 보면 자신을 발견하고 자신의 삶을 뒤돌아보면서 멋있게 살아가고자 노력한다. 이 길 수필가가 바로 그러하다. 언어와 문화의 충격과 제약을 받고 이질적인 생활환경에 길들어야 하는 이민생활 속에서도 한국문학을 향수(鄕愁)처럼 붙잡고 꾸준히 그리고 열심히 글을 쓰고 있다.

칼럼을 겸한 에세이의 신문 연재를 비롯한 본격적인 수필문학의 길을 걷는 이 길 수필가의 글들은 유별나게 자신의 품성과 삶의 모색을 닮은 데 놀란다.
"그 사람과 그 사람이 쓴 글은 똑같다"라는 독일 소설가 루이저 린저의 말이 떠오르게 한다. 글들이 소박하고 평안하다. 신중하면서도 때로는 잘 정리된 감성을 이끌어낸다. 그래서 자신을 일깨우고 다른 사람들과의 소통을 주제로 한 글들이 주종을 이룬다. 모든 것을 달관된 인생관으로 바라보는 사유 깊은 글 솜씨는 자신의 길도 찾고 읽는 사람들에게 자신의 길을 찾아가도록 나침반 역할을 한다.

수필집 '할단새'는 66편의 수필을 8부로 나누어 313쪽에 정성스럽게 엮어냈다. 진심과 서정이 풍부하게 배어 있는 글들이다. 이국 땅에서 바라보는 현실을 한국문학으로 재단하고 담아내자면 자칫 단조롭고 경색되기 쉬운 소재를 적절한 비유와 대조, 부드러운 문장으로 소화해 낸 점이 돋보인다. 인생을 집요하게 추구하고 속 시원히 파헤친 문학적 기량은 주목받기에 손색이 없다. 특히 이들 작품에서 다분히 종교적인 내음이 감지되는 것은 작가의 장로 직분에서 오는 무의식적인 집필 성향임을 짐작게 한다. 절대자의 구속에서 벗어나지 않으려는 절제가 글들 속에서 극명하게 큰 자리를 차지하고 있다.

할단새는 히말라야 산맥에 산다는 전설의 새이다. 구름 위로 백설에 뒤덮여 치솟은 히말라야의 영봉(靈峰)들이 아침 햇빛에 빛나는 장엄하고 아름다운 모습에 매료된 둥지 없는 할단새를 가까이에서 보게 된다. 캐나다 서북부 깊숙이 자리 잡은 에드몬톤은 사방이 지평선으로 둘러싸인 대평원의 한복판에 있다. 이 광활한 곳에 이민 둥지를 튼 이 길 수필가는 이번에는 히말라야의 할단새를 불러들였다. 수필가만이 누릴 수 있는 독선이며 독특한 능력이다. 이 수필집을 읽노라면 할단새가 캐나다에까지 찾아온 연유를 알게 된다. 이 길 수필가가 로키산맥의 심산유곡을 누비는 등산인모임의 멤버이기 때문일까? 독자에 따라서는 의미부여의 관점을 달리하겠지만 결국 이민자의 나그네 같은 삶에 귀결됨을 깨닫는다. 신비한 새의 날갯짓을 통해 대가 없이 감정을 체험하는 기회를 얻는다.

이 길 수필가는 나와는 문학생활 십여 년 지기다. 튼튼한 기초와 꾸준한 독서로 다져진 문학적 기량이 놀랍게 성숙해 가는 것을 가까이에서 보고 있다. 작가가 글을 쓴다는 것은 피를 말리고 뼈를 깎으며 자신과 싸우는 작업이다. 남다른 성찰과 고뇌와 더불어 운명처럼 살아야 한다. 누구에게나 가깝게 느껴지고 쉽게 읽히는 수필이지만 그래서 쓰기가 힘들다. 수필가의 모든 것이 진솔하게 나타난 수필집 〈할단새〉를 즐거운 마음으로 추천한다. 누구라도 이 수필집을 대하면 머뭇거리며 낭비할 시간을 허락하지 않는다. 동감하고 감동할 수밖에 없는 내용에 푹 빠지고 말 것이다.

캐나다 에드몬톤에서
灘川 이종학(소설가)

책머리에

아시다시피 연어는 제 살던 곳으로 돌아옵니다.

캐나다에는 연어가 돌아오는 곳이 정말 많이 있습니다. 연어가 돌아오는 어느 곳이든, 강 얕은 곳으로 가면 강이 붉게 보일 정도입니다.

다리 난간에 기대어, 돌아오는 연어를 망연히 바라봅니다. 왜 태어난 곳을 잊지 못할까? 왜 많은 위험을 무릅쓰고 무모하고 멍청한(?) 행진을 하나?

연어들은 지금도 몰려옵니다.

그 속에 끼어 있는 나를 봅니다.

늦깎이로 수필을 쓰고 있습니다. 글의 깊이와 높이, 잘 쓰고 못 쓰고를 생각하지 마시고 "이 사람은 그때 이런 생각을 하며 지나갔구나" 정도로 가볍게 넘겨주시기 바랍니다.

격려해 주시고 추천사를 써 주신 소설가 이종학 선생님께 감사드립니다.

1권 <흔적>을 읽고 독후감을 주신 여러 분들, 특히 이석철 님과 조형진 시인께 감사드립니다.

　힘을 넣어 주신 김하종, 유승길, 이재웅, 정명진, 신용주, 전정수 형께 감사드립니다.

　소년 때 만나 함께 낡아(?)가는 금사과의 곽명규 님과 표지를 도안해 주신 박완배 님께 감사드립니다.

　귀한 지면에 고정 칼럼을 쓰게 해 주신 KOREA ALBERTA JOURNAL의 안길웅 발행인, 박영미 편집인께 감사드립니다.

　새 가정을 꾸미는 조카 최우석, 노정하 부부와 작은 아들 이경재, 전소영 부부에게 좋은 선물이 되기를 바랍니다.

　개인적으로는 아쉬움이 많이 남는 글입니다. 그래도 이 책을 통하여, 더 많이 갖고 더 부자로 살기를 바라는 사람들보다는 현재 주어진 여건에 감사하며 내일이 오늘보다 더 가치 있는 날이 되기를 기대하는 분들과 만나며 사귀는 아름다운 계기가 되었으면 좋겠습니다.

　저는 연어처럼 무모하고 멍청한 길을 계속 걸어가겠습니다.

2014년 9월 12일

이 길

차 례

5   추천의 글 -이종학
8   책머리에 -이 길

1부 참을 수 있어요

17   새해를 맞으며
21   4월에 드리는 기도
25   참을 수 있어요
31   눈(眼) 마주치기
34   보이지 않는 것 그리기
38   명품
41   감사의 힘
45   HALF TIME

2부 화분 하나

51   선물?
54   피라미드
58   문신(文身)
62   인쌀라
66   니네 선생님
69   그림자
73   남자의 삼거지악(三去之惡)
78   화분 하나

3부 캐나다 아리랑

 83 여행
 87 캐나다 아리랑
 96 폭포
 99 바벨탑
103 동행
108 주스 한 잔
112 약속
117 십 팔 불출(十八不出)
122 노예
127 말(言語)

4부 이(李) 삿갓 방랑 잡기(放浪雜記)

135 그 첫 번 째
141 그 두 번 째
149 그 세 번 째

5부 올 가을에는

157 숨은 그림 찾기
160 추수감사절
164 교회 이야기
168 신발

172 헌장(憲章)
176 안경
180 체면
184 갈색 눈동자
188 올 가을에는

6부 제자리

195 인사 청문회
199 주춧돌
203 가치관
207 나라의 어른
210 제자리
215 국방의 의무
219 촛불시위를 보며
223 선생님
227 아! 6·25

7부 할단새

233 겨울 단상(斷想)
237 할단새
241 재미있는 지옥
244 귀신을 보았다

249 인연(因緣)
254 자기암시(自己暗示)
258 내려놓기
262 입시제도
265 편견
269 출구 없는 방

8부 마약

277 강가를 거닐며
282 이솝 이야기
287 마약
291 믿음
295 상대편에 서 보기
299 자존(自尊)
302 100년
305 악어의 눈물
310 세상 끝 날에

315 〈흔적〉을 읽고   -조형진

1부
참을 수 있어요

새해를 맞으며

새날이 밝았다.
귀한 새날들을 맞이하고 있다.
내 남은 인생길에서 만나 보는 첫 날이다.

돼지꿈을 꾸셨습니까?
용이 여의주를 물고 집으로 들어오는 꿈을 꾸셨습니까?
새로운 계획을 세우고 다짐을 하셨겠지요.

누구나처럼 나도 매년 연말이면 한 해를 돌아보고, 맞이할
새해의 계획과 목표와 다짐을 해 오고 있다.
어느 해에는 목표로 세운 것이 아홉 개나 되었다.
달성 했느냐구요?
아시면서... ... ,
짓궂으시기는.
작심삼일은 아니고 거의 매일 점검을 했음에도 불구하고 만족스
럽게 이룬 것은 하나도 없고 건드리다 만 것뿐들이라 연말에 느낀

감회는 참담할 수밖에 없었다.

많아야 세 개로 목표를 줄였다.

학생 때, 직장 생활할 때, 개인 사업을 할 때 그 목표가 각각 달랐지만 나름대로는 정해 놓은 목표를 잊지 않고 수시로 점검하며 살아 왔다.

40대 후반으로 생각되는데 목표를 하나만 세웠다.
<시간을 낭비하지 말자.>
달성했느냐 구요?
짓궂은 정도가 아니라 잔인한 면이 있으시군요. 연말에 돌아보니 지난해보다 시간을 더 낭비했더라구요.

그래도 그것을 같은 목표로 삼아 온 것이 십몇 년 계속되어 오늘에 이르렀다. 지금 돌아보면 그런 목표를 세웠기에 시간을 더 낭비한 것이 아닌가 하는 생각이 들 정도다.

지난 연말에는 새롭고 참신한 목표를 갖기로 하고 고민 수준의 많은 생각을 하다가 드디어 찾아냈다.

큰 아이가 유치원 다닐 때이니 여섯 살 정도였을 것이다.

새해 첫 날 아침에 무심히 물었다.

"올해는 무엇을 하고 싶으니?"

「아빠하고 친해지고 싶어요.」

"지금은 나하고 친하지 않아?"

「더 친해지고 싶어요.」
꼬옥 껴안아 주었지만 순간, 가슴과 머리가 멍해졌다.
일종의 감동과 회한이었다.
지금이야 일반적 경향이라 하지만 그때만 해도 35세 결혼은 늦은 편이었다. 그나마 애가 돌도 지나기 전에 해외에 나가 잠시 잠시 들어 왔을 뿐 다섯 살이 될 때까지 돌아 다녔으니 아빠가 곁에 있어주기를 바라는 마음이 컸을 것이다.

새해, 회사 시무식 날 직속상관인 상무에게 선언을 했다.
"사표를 내면 냈지 다시는 해외에 나가지 않겠습니다."

몇 년 후 사주(社主)가 바뀌어 퇴직한 뒤에, 사업을 한다고 14년을 뛰어다니노라 아들과 친해질 기회를 얻지 못했고 더 친해지는 것은 이제껏 숙제로 남아 있다.

지금 다 큰 아이에게 새해 소망을 묻지는 않는다.
나름대로 목표와 다짐이 있을 터이고 그보다 나에게 많은 것을 가르쳐 주었던 <아빠하고 친해지고 싶다.>는 대답을 하지 않을 것임을 알기 때문이다.
오히려 아들에게서 질문을 받고 싶다.
"아버지의 새해 소망은 무엇입니까?"
나는 망설임 없이 즉시 대답할 것이다.

「너하고 더 친해지고 싶다.」

지구 위의 인구가 70억이라고 한다.
내가 육신의 생을 사는 동안 그중에 몇 명을 만날 수 있겠느냐고 물으면 초라해진다. 옷깃만 스쳐도 삼생(三生)의 연이 있다는 불교의 개념을 떠나서라도 그 많은 사람 중에서 내가 만나 볼 수 있는 사람들은 그만큼 드물고 그러기에 귀한 사람들이다.

올해의 목표를 세웠다.
사람들과 친해지고 싶다.
이미 알고 있는 사람들과는 더 친해지고 싶다.
만나볼 수 있는 사람들에게 만이라도 내 진실한 마음으로 말하겠다.
거울을 보며 연습까지 했다.

"나는 당신과 친해지고 싶습니다."(*)

4월에 드리는 기도

스스로 존재하셔서 말씀으로 우주와 만물을 창조하시고 운영하시는 하나님께 경배 드리며 찬양합니다. 태초에 천지 창조 하실 때에 내 이름을 적어 넣으시고 오늘이 있게 하시며 하나님을 아버지라 부를 수 있는 선택하신 무리에 불러 주심에 감사드립니다. 드린 것은 없으나 많은 것을 주심에 감사드립니다.

부활의 큰 기쁨을 주신 이 4월에 기도드립니다.
예루살렘에 들어오실 때 맨 앞에서 제일 크게 "호산나"를 외치며 종려나무 가지를 흔들던 사람이 나였습니다. 며칠 후 빌라도 법정에서 "십자가에 못 박으라."고 큰 소리 치며 군중을 선동한 것도 나였습니다. 십자가 위의 고통스러운 모습을 보고 저렇게 약한 사람을 얼마 동안 흠모한 나를 비웃었고 엠마오 가는 길에서 만났을 때도 누구인지 몰랐으며 그 뒤에도 한동안 나를 비웃는 일은 멈추지 않았습니다.

이제 저는 압니다. 몸소 인간의 모습으로 이 세상에 오셔서 내가 지은 죄 때문에 십자가를 지셨으며 그 때 흘리신 피로 내가 살아났다는 것을 알았습니다. 앞으로는 누가 뭐래도 어둠 속에서 헤매 일수밖에 없는 우리를 구원 하러 오셨고 죽음에서 살아나셔서 지금도 우리와 함께 계신다는 것을 큰 기쁨과 감사와 함께 흔들림 없이 믿으며 주장할 것입니다. 이것은 나의 진정한 고백이며 간증이오니 그대로 받아 주시옵소서.

이제는 변할 때가 되었는데 오늘도 어제와 같이 부끄러운 마음으로 고개를 숙였습니다. 육신의 삶을 살기 위해서는 어쩔 수 없었다는 핑계를 대며 같은 죄를 반복하고 있습니다. 좋아 하는 것만 좋아 하고 나 스스로를 자주 용서 하고 나 스스로와 쉽게 타협 하면서 좋은 사람인 척 살고 있습니다. 머리 둘 곳조차 없으셨던 예수님에게 이 것 달라 저 것은 더 채워 달라며 동화책에서 나오는 거인 대하듯 이런 저런 명령을 하고 있습니다.

30년 전만해도 교인이라 하면 남을 배려할 줄 알고 최소한 정직하다는 말을 들었는데 요즈음은 "믿는 것들이 더 하다."는 말을 나 때문에 듣게 되었습니다.

하나님을 성경책 속에 가두어 놓고 내가 좋아 하는 것을 즐기기 위해서라면 잠시의 망설임도 없이 뛰어 나가고 있습니다. 기도하고 구한 것은 이미 받은 줄로 알라 하셨는데 기도 하면서 걱정하고 방황도 합니다.

나의 약함과 형편없는 한계를 아시기에 더욱 불쌍히 여기시고 내 집 문 밖에서 기다리고 계시다가 못 자국 난 손으로 내 눈물을 닦아 주시는 아버지. 육신의 삶을 핑계 대며 시험에 들게 하지 마옵시고 악에서 구원하여 주시옵소서.

인간의 교만을 꺾기 위해 전쟁을 일으키기도 하시며 무엇을 깨닫게 하시려고 채찍을 들기도 하시는 줄 압니다. 어렵고 힘든 일을 만났을 때 무엇을 알려 주시려는지 빨리 깨닫는 지혜를 주시고 그 어려움을 피하기보다는 이겨 내는 용기를 주시옵소서.

내 얼굴에서 내 몸에서 내가 하는 행동에서 아버지의 흔적을 나타내며 아버지의 사람으로 살기를 원합니다.

놀라면서 감탄 하면서 가르침을 받은 많은 사람들과 병 고침을 받은 사람들과 제자들이 다 달아나고 없는 자리에 아무런 변명도 원망도 없이 "다 이루었다." 하시며 모든 것을 주고 떠나신 예수님을 다시 바라보겠습니다.

건강, 가족, 명예, 재산, 취미를 놓고
"네가 이것들 보다 나를 더 사랑하느냐?"

물으실 때에 어떻게 대답할 것인가도 생각 하겠습니다. 준비 없이 그 날을 맞아 당황할 시간조차 없이 부끄러운 모습으로 서 있지 않도록 등과 기름을 준비한 다섯 처녀의 슬기로움을 기억하며 지금 이 시간에 나는 무엇을 준비해야 하는지 생각 하겠습니다.

대충 시늉만 내는 사랑은 사랑이 아닐 것입니다. 이 4월 아버지를 정말 사랑하겠습니다.

아브라함을 가나안으로 이민 보내시고 우리를 캐나다로 이민 보내신 아버지. 우리로 복의 근원이 되게 하여 주시옵소서.

청함 받은 사람은 많으나 택함 받은 사람은 적다고 하셨습니다. 택하신 영혼 아름답게 가꾸어 주시어서 아버지는 나 때문에 기쁘고 나는 아버지 때문에 기쁜 복된 하루하루를 살게 하여 주시옵소서.

예수님 이름으로 기도드립니다. 아멘.(*)

참을 수 있어요

 내가 편의점에서 일할 때다. 다섯 살쯤 된 사내아이가 거의 매일 같은 시간에 들어와서 아이스크림이 들어 있는 커다란 통을 들여다보았다. 언제부터인지 몰랐다가 어느 날 손님이 없을 때 유심히 보니 통을 열고 이것저것 꺼내어 보기에 그렇게 하지 못하게 하였다. 통 속의 온도가 올라갈 수가 있고 상품이 상할 우려가 있어서다. 미안하다며 나가는 아이를 무심히 바라보았다.
 그 후로도 자주 와서 통 안을 들여다보다가 나가는 그 아이를 이제까지와는 달리 좀 더 유심히 보았다. 간혹 몰래 주머니에 무언가를 넣고 나가는 아이가 있기는 했지만 그렇다고 의심스러운 눈으로 본 것은 아니다. 그러기에는 너무 어렸고 착하게 생겼고 귀티도 있었다. 초콜릿 등 다른 상품은 거들떠보지도 않고 3분가량 아이스크림 통만 들여다보다가 나갔다.

 어느 날 그 아이가 또 통을 들여다보고 있기에 물어보았다.
 "아이스크림이 먹고 싶으냐?"
 "네."

잠시 후 나를 바라보며 말했다.
"그러나 참을 수 있어요. 아빠가 여기 계시면 사 주셨을 거에요."
"지금 멀리 계시냐?"
"내가 두 살 때 하늘나라에 가셨데요."
손님 몇 명을 대하고 나니 어느새 그 아이는 나가고 없었다.

다음날은 출입문을 자주 바라보았다. 나도 모르게 나는 그 아이를 기다리고 있었다. 그리고 만났다.
"제일 먹고 싶은 아이스크림을 한 개 골라 와라."
모든 아이스크림을 외우고 있어서인지 망설임 없이 한 개를 들고 왔다.
"참, 내가 깜박 잊고 있었어. 오래전에 네 아빠에게서 100불을 빌렸는데 만날 수 없어서 아직 돌려주지 못했구나. 그러니 너는 100불이 될 때까지 아이스크림을 먹어도 돼. 언제든지 와."
"내 아빠를 아세요?"
"그럼, 좋은 사람이었지. 정말 좋은 사람이었어. 나는 세상에서 그렇게 좋은 사람을 만난 적이 없어."
아이는 아주 환하게 웃었다.
아이의 이름이 Norma라는 것과 나이가 5년 2개월이라는 것도 그날 알았다.
거의 매일 와서 종류가 다른 아이스크림을 들고 갔다. 몇 번 왔었는지는 세어 보지 않았고 합계가 얼마인지는 더구나 계산해 볼 생각조차 하지 않았다.

가끔, 몇 번 더 올 수 있느냐고 물으면 아직 많이 남았다고 말해 주었을 뿐이다.

석 달이 넘도록 거의 매일 오던 Norma가 열흘 정도 보이지 않아 궁금해 하던 어느 날 엄마와 같이 왔다. <저 여인이?> 나는 Norma의 엄마를 안다. 아주 가끔 우유를 사 가던 여인인데 내가 그녀를 기억하는 것은 겸손하면서도 기품 있는 얼굴과 태도 때문이다. 군계일학(群鷄一鶴)이라 하면 다른 손님들에게는 결례가 되겠지?

<그 어머니에 그 아들>을 생각하지 않을 수 없었다. Norma는 할아버지한테 갔다 왔는데 이틀 뒤 할아버지가 계신 남쪽 도시로 이사 가기에 인사하러 왔다면서 그림 한 장을 내밀었다.

"당신을 그렸어요. 열 장은 그렸을 거에요. 그중에 제일 잘 그린 것을 가져왔어요."

내 초상화였다. 나는 나를 전혀 닮지 않은 내 그림을 아주 기쁜 마음으로 받았다.

예상하지 못한 갑작스런 이별이라 마땅한 선물이 떠오르지 않아 80불을 봉투에 넣어 주었다. 아이스크림 값을 정확하게 계산 했다는 듯 25센트 동전도 한 개 쥐어 주었다.

"이게 남은 돈이야. 무엇이든 엄마하고 상의해서 사도록 하렴."

Norma 엄마는 모든 것을 다 알고 있었다는 듯 조용히 미소를 띠고 있었다. Norma에게 초콜릿 한 상자를 들려주며 작별 키스를 하다 보니 그 애 엄마는 돌아서며 손수건을 꺼내는 것이 보였다. 땀을 닦았는지 코를 풀었는지는 지금도 나는 모른다.

"글을 배우면 꼭 편지할게요." Norma가 요구한대로 가게와 집 주소를 적어 주었다. 다음 날 편의점에 나갔더니 그 애 엄마가 나에게 전해 주라며 봉투를 놓고는 아무 말 없이 가더라고 했다. 100불이 들어 있었다. Norma 모르게 가져 왔을 텐데 이제는 정말 내가 빚을 지게 되었다.

내가 편의점을 떠난 지가 4년이 넘었고 그동안 집도 이사했으니 Norma가 편지를 했다 해도 받아볼 수가 없다. 그는 아빠와 일찍 헤어진 일도 있어서 <사람은 이렇게 헤어질 수가 있구나.>를 또래 보다 일찍 깨달았을지 몰라도 Norma는 나에게 정말 귀하고 중요한 것을 가르쳐 주었다. <참을 수 있어요>다.

또래들이 먹는 아이스크림이 얼마나 먹고 싶었을까, 오죽 먹고 싶었으면 매일 통속을 들여다보고 있었을까. Norma의 엄마가 아들의 마음을 읽었다면 어떤 현명한 조치를 분명히 취했을 것이다. 알면서도, 돈이 없어서? 그녀의 독특한 교육관?

나는 성격이 무던하다는 소리를 많이 듣는다. 것은 나를 잘 몰라서 하는 말이다. 애들 말로 하면 내 성질은 더럽다. 쉽게 폭발한다. 나름대로는 참을 만큼 참는다지만 한 번 폭발하면 나 스스로는 통제가 되지 않는다.

회사에서 과장 때 직속 상사인 부장과 서로 사표를 제출하고 며칠 동안 맹렬하게 싸웠다. 직원이 2천 명이 넘는 회사에서 큰 화젯거리가 되었다. 부사장까지 나서서 말렸다. 여담이지만 그 부장과는 그 후 아주 친하게 지냈다. 군대 생활 중에도 그랬다. 옆에 총이 없었기에 다행이었다고 나중에 동료들이 말했을 정도다.

그 외에도 여러 번 그런 일이 있었다. 누구와 무슨 일로 다투었는지 지금은 기억에도 없는 일을 가지고 죽기 살기로 싸웠다. 자존심을 심하게 다쳤을 때라고 생각되는데 지나고 보니 우습지도 않다.

<참을 수 있어요.>
Norma의 말을 늘 기억하고 있으니 앞으로는 어지간한 일로 폭발 하지는 않을 것이다.

Norma가 아이스크림이 먹고 싶은 것을 억지로 참던 것과 폭발 직전의 내 상황을 비교한다면 나이로 보나 다른 어떤 변수를 들이대도 Norma쪽이 훨씬 더 절박했다고 생각한다. 그래도 그 애는 나와는 달리 잘 참아 내었다.

바탕이 단단하고 똑똑한 아이이니 어떤 일을 만나도 당황하지 않고 때로는 참으며 바르게 자라 갈 것이다. 어디에 있든 건강하게 잘 지내기를 바라고 다시 만나는 날이 꼭 있기를 기대한다.(*)

눈(眼) 마주치기

　십여 년 전 한국 기독교 어느 교단에서 발행하는 신문에 흥미로운 기사가 있었다. 교단에 소속된 목사님 중 250 분께 '설교 중에 누구와 눈이 마주쳤을 때 당황하게 되느냐?'라는 설문이었다. 그 첫째가 사모였고 스승과 친구가 뒤를 이었다. 목사님의 일상을 가장 잘 아는 사람들이다. 스승과 친구들 보다 압도적인 표로 당당히 첫째 자리에 오른 분이 사모임에는 미소를 짓게 된다. 그래서인지 많은 교회에서 사모님이 앉는 자리는 거의 정해져 있다. 대개가 뒤쪽 구석이다. 교회에 출석을 했는데도 "김 집사님, 지난주에 안 나오셨더군요."라는 목사님의 인사를 받았다면 사모님 옆이나 뒤에 앉아 있었기 때문일 것이다.

　집에서도 목사님이 정장에 넥타이까지 매고 있고 군인이나 경찰이 정복에 모자까지 쓰고 지낸다면 본인보다 가족들이 먼저 병원을 찾을 것이다. 집에서는 코도 후비고 반찬 투정도하고 내복만 입고 지내기도 하고 화를 내기도 할 것이다. 그러니까 집이고 그러니까 가족이다.

목사, 언론인, 경찰, 법조인, 교사, 의사 등 모범적인 모습을 보이며 많은 사람들을 만나야하는 사람들은 사람들과 눈을 마주치는 횟수를 줄이는 것부터 더 많은 휴식과 혼자만 있는 자유로운 시간을 더 많이 가져야할 것이라는 생각이 든다. 사람들을 웃겨야하는 코미디언들도 마찬가지다.

잊을 만하면 불쑥 튀어 나오는 사회 부조리의 대표적인 것 중에 하나가 정경 유착과 그에 따른 비리얘기다. 최근에도 그런 기사가 모국의 신문을 도배하고 있음을 씁쓸한 마음으로 보고 있다. 재벌급인 회사의 회장은 많은 돈을 로비활동에 뿌리고 다녔다. 비밀장부와 비서의 수첩에 적힌 로비대상자는 정치계, 재계, 고위공무원, 사법계, 국회의원 등 그 범위가 광범위함에 놀란다. 몇 천 만원은 애들 껌 값이고 몇 억은 기본이며 30억, 70억 소리도 들린다. 당사자들도 불법인지는 알고 있어서 '표적수사', '정치보복'이라며 맞불을 놓으며 부정하다가 어쩔 수 없는 증거가 나오면 그 때야 비로소 고개를 숙인다.

이런 일들이 옛날얘기가 아니고 이제껏 쉼 없이 이어지고 있음이 문제다. 더 큰 문제는 "다 그러는데 나만 재수 없이 걸렸다."는 툴툴거림이 만연되어 있는 사회라는 것이다.

우리 국민들은 예수와 석가를 닮아서 용서를 잘 해 준다. 시간이 지나면 잊어버리는 것과 후회하는 척 만해도 용서해 주는 것이 예수님과 다를 뿐 쉽게 잊든지 쉽게 용서해 주고 있다. 칭찬까지는 하지 않더라도 "그만한 자리에 있으면 그 정도의 일은 있을 수 있다."든지 "남자가 한 때 그럴 수도 있지."라며 옹호해 주기까지 한다.

지금 조사를 받고 있거나 구속된 사람들이 그 가족이나 아는 사람들을 만날 때 서로의 눈길은 어디에 두는지 궁금하다. 그러나 국민들은 그들을 계속 쏘아보며 오래도록 부끄러움을 안고 살게 해야 할 것이다.

나는 누구와 눈이 마주쳤을 때 당황하게 될 것인가를 생각해 본다.(*)

보이지 않는 것 그리기

그림을 좋아하는 왕이 있었다. 그림 보기를 좋아했을 뿐 아니라 그 자신도 화가였다. 그는 종종 화가들을 궁중에 불러 그림대회를 열었다. 그 때마다 직접 그림의 제목을 정했는데 주로 유명한 시의 한 구절이었다.

한 번은 이런 제목을 내놓았다.

<어지러운 산이 옛 절을 감추었다.>

감추어진 절을 그려야한다니 화가들은 고민 고민 했을 것이다. 제출된 그림들을 보던 왕이 그림 하나를 빼어들고 흡족한 표정을 지었다.

"보이지 않는 절을 그리라고 했는데 모두 절의 지붕이나 탑의 윗부분을 그렸다. 이 화가는 깊은 산 속 오솔길에 물동이를 이고 가는 스님을 그렸을 뿐이다. 스님이 물을 길러 나왔으니 근처에 절이 있는 것 아니냐? 제목에 아주 합당한 그림이다."

또 한 번의 제목은 <꽃밭에서 말이 달리니 말 뒤 굽에서 향기가 난다.>였다. 다른 화가들은 어찌 그렸는지 모르겠으나 그 화가는 달리는 말 굽 뒤에 나비 두 마리가 따라가는 그림을 그렸다. 그 왕에 그 화가다. 멋을 아는 사람들이다. 상으로 집 한 채를 주었는지 짚신 한 켤레를 주었는지는 기록에 없어 모르겠다. 상을 주고받음과 군신 관계를 떠나 마음이 통하는 동지로서 오래도록 가까이 지냈을 것이다.

 보이는 것을 제대로 그리기도 쉽지 않은데 보이지 않는 것을 그리는 것은 어려운 일임에 틀림없다. 같은 풍경이나 인물, 정물을 그려도 화가에 따라 그 그림에게서 받는 느낌이 다르고 감동이 다름은 화가의 감정과 지식과 감흥에 차이가 있고 보는 사람과 교감의 차이가 있음이니 아는 만큼 느끼고 아는 만큼 보인다는 말이 새삼스럽게 진지하게 들린다.

 보이지 않지만 우리의 삶에 영향을 끼치는 것들이 있다 그 중에 대표적인 것이 자연 현상이다. 지진과 해일, 태풍과 토네이도는 근래에 쉽게 접하는 자연 재해다. 그 위력도 점점 대단해지는 것 같다. 바로 옆 도시에서 일어날 수 있고 지금 내가 서 있는 발밑에서 꿈틀거리고 있는지도 모른다. 과학의 발달로 사전에 예보할 수 있고 대비하는 시간을 갖지만 단기예보에 그치며 100 퍼센트 정확하지 않을 뿐 아니라 그 위력을 약화시키는 것도 아니다. 지구촌 여러 곳의 사막화, 아마존과 인도네시아 등에서 일어나고 있는 벌채, 지구 온난화, 엘니뇨와 나리냐는 당장은 우리와 연관이 없는 것 같으나 그

것은 빨리 또는 조금의 시차를 두고 우리에게 영향을 끼친다.

　자연현상과 연관하여 종말론도 꽤나 자주 접해왔다. 곧 지구가 망한다는데도 거의 모든 사람들이 의연하게 일상에 열심인 것을 보면 종말론에 꽤나 단련되었고 달관한 듯하다.

　영혼의 세계도 있다. 심령과학자들은 우리가 생각하는 것 보다 영혼 세계의 영향을 많이 받고 있다고 한다. 그래서 제사를 지내고 굿을 하고 택일을 하고 풍수지리에 따라 집터와 묏자리를 정한다. 미래에 대한 불확실성과 불안 때문에 종교에 의지하며 더러는 점쟁이 집을 찾아 줄을 선다.
　우주의 움직임도 우리에게 영향을 끼친다. 과학이 발달하고 연구가 계속 될수록 점점 넓어져 가는 우주에서는 지구 자체가 티끌만도 못한 작은 존재다.
　무엇인가 스쳐 지나가기만 해도 없어질 크기다. 서로 밀고 당기는 우주의 질서가 고마울 뿐이다. 그 우주 속의 많은 별들의 현상이 지구에 다다르고 그 영향을 사람들이 받을 터이니 아슬아슬 하다. 그 엄청난 우주의 일부나마 아는 머리가 있고 그 우주를 담을 수 있는 가슴이 있다는 사실만은 대단하다.

　자연, 영혼, 우주 등은 하나님 영역의 일이니 감히 접근할 수 없지만 그런 영향 속에서 사는 우리는 너무 작고 너무 무기력 하다.

천 년이 하루 같다는 하늘의 시계로 보거나 수 억 년이 그려져 있는 벼랑과 지층의 흔적을 보면 인간이 하루살이 보다 나을 것이 없는 것이다. 잠시 후의 일도 모른다. 5초 뒤의 일을 모르기에 길을 걷다가 교통사고를 당하기도 하고 있는 돈 없는 돈 끌어 모았다가 모두 날리기도 한다. 주식을 사고 복권도 산다. 몸 안에 무서운 병균이 잠복기를 끝내가는 것을 모르고 보양식을 찾고 2, 30년 뒤의 앞날을 구상하기도 한다. 누군가는 나를 위하여 기도하고 있고 누군가는 나를 괴롭히려고 음모와 술수를 꾸미고 있지만 나는 알 리가 없다.

그러나 가끔은 보이는 것의 뒷면이나 그런 형상으로 나타날 수밖에 없는 배경을 생각하며 산다면 좀 더 생각과 안목이 넓어지고 깊이 있는 삶이 될 것이다. 보이는 것에 대처하기도 힘든데 보이지 않는 것까지 생각하는 것 자체가 평범한 우리에게는 무척 힘들고 어려운 일이다. 불가능한 일인지도 모른다.

그래서 살아간다는 것이 어렵다.
그래서 살아간다는 것이 재미있다.(*)

명품

왕궁(王宮)에 들어가 본 일이 있다. 사우디아라비아에 바짝 붙어 있는 섬나라 바레인의 왕궁이다. 80년대 초 내가 다니던 건설회사에서 바레인에 왕궁을 지었다. 공사를 끝내고 발주처에 건물을 넘기기 전에 최종점검을 하는 팀의 일원으로 들어 간 것이다. 바레인 뿐 아니라 이웃 돈 많은 나라의 큼직한 공사를 수주하는데 지대한 영향이 있었기에 점검은 일주일이 넘도록 꼼꼼하게 진행되었다. 왕의 초대를 받아 무게를 잡고 들어갔다면 접견 홀과 그 주위 일부만 보았겠지만 점검하는 것이라 모든 방과 왕궁의 구석구석을 다 볼 수 있었다.

한마디로 비까번쩍했다. 당시 세계에서 제일 좋은 건축 자재는 다 끌어 들였다. 특별히 주문하여 설치하였기에 세계에 하나밖에 없다는 장식품도 여러 개 있었고 왕이 직접 손을 댈만한 것은 전기 스위치, 문의 손잡이, 수건걸이까지 모두 금으로 도금 되어 있었다. 조화를 잘 이룬 정원에는 한 그루 만으로도 구경거리가 될 나무들이 몇 십 그루가 있었고 풀장은 맑은 물을 유지하도록 물을 계속 흘려버렸다. 건설회사가 준비할 사항이 아닌 가구와 생활용품, 식기 등 주방기기가 들어오면 그 화려함은 물론 더할 것이다.

<국민들이야 어찌 살든 안중에 없고 싫증이 나면 왕궁 여기저기를 한바탕 소란을 피우면서 뜯어 고치고 자기만족을 찾으며 살다가 쓰러질 한심한 사람.>
 왕의 침실에 있는 화장실 변기에 앉아 무엄한 자세로 무엄한 생각을 했다.

 결혼식이나 어느 특별한 모임에 가면 유난스럽게 치장한 사람들을 보게 된다. 보기에도 묵직한 부채 살 모양의 금 목걸이를 가슴 깊이까지 내려오게 걸어 목 디스크가 염려되는 여자도 있다.

 명품 족이라는 말이 있다. 명품을 보면 환장하여 빚을 얻어서라도 사고야 만다는 족속들이다. 그 덕에 가짜 명품, 짝퉁을 만들고 판매하는 사람들도 꽤나 재미를 보는 모양이다. 15만 불짜리 시계가 있고 6만 불짜리 핸드백도 있다고 한다. 무슨 이유로 그런 비싼 것을 갖는지 알 듯 하다가도 모르겠다. 내가 그런 물건을 지니고 다닌다면 물건에 신경이 씌어서 일상생활을 제대로 하지 못할 것이다. 서투른 소매치기를 만나면 손목 동맥이 끊어질 지도 모른다. 1200불짜리 팬티도 있다는데 만든 재료가 무엇일가에 앞서 왜 그런 것을 입어야 하는지가 더 궁금하다. 밤이면 지워 버릴 화장을 최

고급품으로 몇 시간씩 정성을 들이며 떡칠을 해서 본래의 얼굴을 저 깊숙이 감추고 다니는 여자도 많이 있는 것 같다.

그런 사람들을 보면 솔직히 불쌍해 보인다. 오죽 자신이 없고 여러 가지로 부족하고 뒤떨어진다고 생각했으면 치장과 보석으로 감싸고 보상 받으려 하는가를 생각하면 가엽고 측은해 진다.

대부분의 캐나다 사람들은 참 검소하다. 한 듯 만 듯 가벼운 화장을 하는 사람도 거의 없고 아예 화장을 하지 않는다. 옷도 매우 검소하게 입는다. 너무 신경 쓰지 않고 막 지낸다는 느낌이 들 정도다. 그런 분위기 때문인지 이곳에 사는 한국 여자들도 한국에서 보다는 복장이 수수하고 화장도 요란스럽게 하지 않는다. 한국에서는 엄두를 내지 못 했겠지만 민낯도 많아 오히려 친근감을 느끼기도 한다.

내가 대통령이라면 공직자를 임명하기 전에 최종 명단에 오른 후보자 모두를 부부동반으로 한 쌍 씩 초대하여 차 마시는 시간을 가질 것이다. 비전 없이 유난히 자리 욕심이 많거나 명품 족이 확인되면 명단에서 지워 버림은 물론 현직에서도 쫓아 낼 것이고 수입원과 탈세여부도 조사할 것이다.

내가 대통령이 될 리가 없으니 명품 족 들이여,
<걱정하지 말고 마음껏 미쳐라!>(*)

감사의 힘

　살아가노라면 사람과의 문제, 건강, 경제, 일터의 문제 등으로 어찌 보면 기쁜 시간보다는 그렇지 않은 시간이 더 많을 지도 모른다. 하느님은 인간에게 생각하는 능력을 주셨기에 다른 동물에게는 없는 웃음이라는 약을 주셨다는 말도 있다.
　연예인들의 자살 기사가 잊을 만하면 다시 나온다. 한국인의 자살률이 세계적으로도 높다. 그들의 절박한 심정을 쉽게 말하면 큰 결례가 되겠지만 얼마나 많은 것을 받았고 얼마나 행복하고 감사한 여건을 갖고 있는지를 모르는 사람들의 한계라는 생각을 얼핏하게 된다.
　두 번 자살 시도를 했지만 일찍 발견되어 살아난 사람의 얘기를 들었다. 깨어 날 때마다 맨 먼저 눈에 들어온 사람은 친구였는데 어느 날은 편지 한 장을 놓고 갔다.
　<나 자신의 존재에 대해 의문을 느끼고 현실의 문제로 괴로워할 때 언제나 같은 모습으로 귀 기울여 주고 답을 주었다. 네가 나에게 큰 위안이 되어 주었듯 이제는 나도 너에게 좋은 선물이 되고 싶다.>

친구의 편지 이후. 자신이 경솔했음은 깨닫고 열심히 살고 있는 모습이 보기 좋았다.

모범적인 가정으로 소문이 난 가정을 방문할 일이 몇 번 있었다. 모든 것이 잘 정돈되어있었다. 잠시 나갔다 온 가족을 한 달 만에 만난 사람처럼 반갑게 맞았고 모두 웃고 있었다. 그 비결을 물었더니 답은 예상 밖이었다. "우리는 모두 죄인이기 때문입니다. <미안하다. 내 잘못이다. 잘못했다.>를 서로 말하며 조금만 잘 해도 칭찬과 고맙다는 감사의 말은 빠트리지 않는다."

결혼 전에 아파트를 마련해 놓겠다고 장담한 신랑이 신혼을 시작한 집은 월세 지하방. 거짓말을 쉽게 하는 신랑과 함께 살 걱정에 친정어머니를 만나 하소연 하였다. 그 때 어머니가 한 말은 "너에게는 비밀로 하자고 약속했지만 할 수 없구나. 네 아버지 회사가 부도나서 집을 차압당하게 된 것을 알고 이 서방이 아파트 살 돈을 은행에 주어 겨우 이 집을 건질 수 있었다."

그 신부는 감사를 넘어 평생 남편을 존경하며 살아 갈 것이다.

도둑을 크게 맞은 사람이 있다. 위로하는 사람들에게 "몸 다치지 않은 것이 얼마나 감사한 일이냐?"며 출소자들이 재활할 수 있도록 돕는 자선단체에 많은 금액을 기증하였다.

남미는 북미보다 자연 한경도 좋고 땅도 기름지다. 그러나 생활 수준의 차이는 눈에 띌 정도로 북미가 앞서 있다. 어느 학자가 연구 결과를 내 놓았다. <남미는 일확천금을 노린 사람들이 개척한 탐욕의 땅이고 북미는 신세계를 꿈꾼 사람들이 개척한 감사의 땅이며

그 전통이 이어간다.>는 것이다.

  성실함 외에는 용기도 수완도 건강도 좋지 않은 사람이 있다. 하는 일마다 다 잘되어 주위에서는 <마이다스의 손>이라는 별명을 붙여 주었다. 우연한 기회에 그가 말했다. "만나는 사람, 만나는 모든 일에 감사했더니 모든 일이 잘 풀리고 감사할 일들이 자꾸 늘어나더라."

  장관을 지낸 사람이 인터뷰하는 장면을 TV에서 보았다. 70년대 초까지 전기도 들어오지 않는 깡 촌에서 어릴 때부터 일에 지쳐 반에서 꼴찌를 겨우 면할 정도로 희망 없이 지내는 중에 하루는 담임 선생이 다른 학교로 풍금을 옮기는 네 명 중에 한 명으로 지명 했단다. 선생이 나를 좋게 보고 있다는 기쁨이 자신감으로 변했고 감사한 마음이 들어 그 기대를 져 버리지 않기 위해 열심히 공부했다."

  수학여행을 기대하며 들떠 있는 교실을 벗어나 맹물로 배를 채우고 그늘에 앉아 대학을 갈 수 없는 형편에 마지막 학창생활을 장식할 수학여행조차 못가는 신세를 한탄하며 비관적인 생각할 때에 수학여행 경비가 들어 있는 봉투를 가방에서 발견하고는 기쁨과 감사로 밤새 울었다는 여인이 있다. 감이 잡힐 뿐 누군지 모르는 손길에 감사한 마음을 지금껏 간직하고 있기에 자신이 운영하는 음식점 주위의 가난한 사람들에게 무료로 식사를 제공하고 있으며 때로는 용돈도 쥐어 보낸다고 한다.

  일본의 네쇼날 그룹은 570개 기업과 13만 명의 직원이 근무하는 큰 기업이다. 창업자인 마쓰시다 고노스케는 집안이 몰락하여 초등학교 4학년을 중퇴하고 자전거포 점원으로 취직했다. 훗날 기자가 성공 비결을 물을 때에 "<가난, 허약한 몸, 못 배운 것> 세 가지다. 가난하기에 부지런히 일했고 몸이 약하기에 건강의 소중함을 알았고 못 배웠기에 많은 사람에게서 모든 것을 배우려고 노력 했다." 불행한 여건을 갖고 세상을 만났으나 그는 감사의 여건으로 받아들인 것이다.

  늘 감사한 마음으로 산다면 나와 내 주위는 밝아질 것이다. 그러나 그 것이 말처럼 쉽지 않음을 알고 있다. 이렇게 비슷한 얘기를 길게 나열하는 것은 감사한 마음을 갖고 살기를 기대하기에 스스로를 다짐하는 일인지도 모른다.(*)

HALF TIME

　미국의 밥 버포드가 쓴 「HALF TIME」이라는 책이 있다. 인생을 운동경기에 비유하며 인생 역전을 주장한 책인데 베스트셀러가 되었다.

　야구나 권투 같은 운동 경기는 감독과 코치가 시작부터 끝까지 작전 지시를 하지만 많은 운동 경기에는 HALF TIME이 있다. 전반전이 끝나고 후반전 시작 전에 HALF TIME을 갖는 것이다. 지친 몸을 추스르고 숨을 고르면서 전반전에서 노출 된 상대 팀과 우리의 전력을 분석하며 후반전을 대비하는 시간이다.

　가끔 각 팀이 HALF TIME을 갖는 모습을 화면으로 보게 되는데 기합을 주듯 엄하게 선수들을 다그치며 질책하는 감독도 있고 푹 쉬게 하며 타이르듯 조용히 지시하는 감독도 있다. 어느 것이 더 효과가 있는지는 모르겠으나 전력을 다하여 경기에 임하는 자세만큼은 보기에 좋다.

전반전에서는 형편없이 지던 팀이 후반전에서는 월등한 성적으로 이기는 경기가 많이 있는 것을 보면 HALF TIME의 중요함을 새삼 느끼게 된다.

사람의 인생도 마찬가지다. 한 때 잘 나가던 사람이 급히 허물어지는 경우도 있고 그 반대도 있다. 주위 사람들의 시선을 거의 받지 못하고 백안시당하던 사람이 보란 듯이 성공하여 나타났을 때 흔히 대기만성 형 이라는 표현을 쓰며 그를 다른 눈으로 보게 되는 경우도 적지 아니 있다.

목표를 달성한 사람들은 뛰던 걸음을 멈추고 냉정하게 지난날들을 돌아보며 내가 뛰고 있는 이 길이 맞는 길인가 혹시 곁길로 들어서서 시간과 인생을 낭비하고 있는 것은 아닌가를 확인하는 시간을 가졌을 것이다. 아니면 어느 때 무슨 일로 큰 타격을 받거나 깨우침이 있어서 심기일전 했을 것이다. 어쨌든 HALF TIME을 가졌고 그 중요성을 알았고 그 시간을 잘 이용했다는 점에서 박수를 받을 만하다.

크리스마스 캐럴이 들릴 때 지난 1년을 돌아보는 것은 너무 늦다. 그 것은 누구나 다 하는 일이다. 이기려는 사람은 달라야 한다. 연말에 지난 1년을 돌아보는 것은 내년의 계획을 잘 세우기 위한 수단일 뿐이다. 지금 HALF TIME을 가져야 한다. 연초에 세웠던 계획을 지금 확인하고 점검해야 할 때다.

나이가 들면 몸이 전과 같지 않고 특히 정신적으로 나약해 지는 경향이 있는 것은 사실이다. 그러나 그것은 일반적인 현상일 뿐이다. 정년퇴직 후에 의과대학을 졸업하여 의사 면허를 받아 현역으로 봉사하는 수녀가 있고 82세에 결혼한 사람도 있고 95세에 비행기 조종면허를 딴 사람도 있다. 본인의 의지와 용기가 있다면 말 그대로 나이는 숫자에 불과할 수 있다. 지난날의 억울했던 일, 화났던 일, 후회스러운 일, 지워버리고 싶은 일들은 이제는 덮어놓아야 한다. 그런 일에 발목이 잡히면 그 일에서 어떤 교훈을 얻기보다는 앞길에 걸림돌이 되기 쉽다.

  지금 결코 늦지 않았다. 오늘 이후의 삶이 후반전이다. 전반전을 잘 이끌어 온 사람은 계속 멋지게, 주춤 했던 사람은 분발하여 후반전을 시작해야 한다. 이불 덮고 누우나 잔디 덮고 누우나 마찬가지일 때에 지난날을 돌아보며 가슴을 치는 일이 없도록 하려면 지금 변해야 한다. HALF TIME을 가져야 한다.

  영국의 극작가 버나드 쇼의 묘비명은 독특하다. 생전에 직접 써 놓은 것을 사후에 비석에 새겨 넣은 것이라는데 특이하고 재미있어서 웃음이 나올만하나 오히려 전기 충격을 받은 듯 정신이 버쩍 들게 된다.

그의 묘비명은 간단하다.
<우물쭈물 하다가 나 이렇게 될 줄 알았다.>(*)

(이 글은 저 자신에게 보내는 글입니다.)

2부
화분 하나

선물?

 선물을 사전에서 찾아보니 「남에게 인사로나 사랑과 정을 나누는 의미로 주는 물건」이다. 그렇다. 생각해 보니 지금까지 나도 꽤나 많은 사랑과 정을 받았다. 선물을 받으면 우선 기쁘다. 특히 직접 그린 카드나 손수 만든 선물을 받을 때는 정성에 감탄하며 그 고마움은 오래도록 간직하게 된다.
 「선물」하면 떠오르는 생각이 하나 있다. 주로 교회에서 많이 듣는 말인데 어느 집 아이들을 지칭할 때 하나님이 주신 선물이라는 표현을 쓰는 것이다. 나는 그 말에 동의하지 않는다. 오히려 거부감까지 갖고 있다. 그 분들 말이 틀렸다는 것이 아니라 나와는 생각이 다르다는 말이다.
 받을 당시 고맙고 감사하여 오래 간직하겠다고 생각했던 선물마저 지금까지 남아 있는 것은 별로 없다. 버리거나 누구를 주거나 잃고 찾지 않아도 되는 것이 선물이기에 일반 선물과 아이는 다른 것이다.
 나는 아이들은 선물이 아니라 나대신 잘 키워 달라는 하나님의 부탁이라고 생각한다. 많은 아이들을 직접 진자리 마른자리 갈아

뉘일 수 없고 우유, 이유식, 밥을 챙겨 줄 수 없으니 대신 해 달라는 부탁과 함께 육체적으로, 영적으로 건강하게 성장하도록 이끌어 달라는 명령도 포함되어 있다고 본다.

내가 낳은 아이지만 잘 키우기는 생각처럼 쉽지는 않다.

20 여 년간 남자 고등학교에서 생활 지도를 맡았던 분을 만난 일이 있다. 기독교 계통의 학교라 목회자의 아들이 많았는데 전교 모범생의 5%가 목회자의 아들인 반면 말썽꾸러기, 소위 말하는 골통의 12%가 목회자의 아들이었다고 했다. 내가 신자이니 내 아이들도 당연히 신자가 되어야 하고 나처럼 바르게 사는 것이 당연 하다는 것은 희망 사항 일 수가 있다. 전도하고 몸소 보여 주는 교육을 해야 한다. 가장 가까운 사람을 전도하는 것이 가장 어렵다는 말도 있다. 무언가를 보여 주며 마음을 잡아야 한다.

경제 사정이 어렵다 보니 세계 여러 곳에서 가족 동반 자살이 부쩍 늘었다. 어린 자녀를 먼저 죽이고 죽는 것이다. 내 가족만 챙기는 사람들, 이런저런 조건을 따지고 요구하는 세상에서 나 없이 험한 꼴을 당하며 살아 갈 아이들을 걱정하는 깊은 뜻(?)에서 같이 가는 것이다. 경제적 부국인 캐나다와 미국에서도 있었는데 유난히 가족의 정이 깊고 가족에 대한 책임감이 강한 한국은 동반자살의 빈도가 잦고 인구수로 대비하면 그 비율이 세계에서 제일 높을 것이다.

이혼하고 어린 딸과 같이 살던 젊은 여자가 고민 고민 끝에 딸과 같이 죽기로 작정하고 15층 아파트의 창문 앞에 섰는데 딸아이가

"이제부터 엄마 말을 잘 들을 테니 나를 안고 뛰어 내리지는 말아 달라."고 울며 달아나서 죽음을 포기 했다는 신문기사도 있었다.

습관적으로 아이를 때리고 학대하는 부모들도 있다. 아이들 입장에서는 참 팔자 더럽게 태어 난 것이지만 안쓰러운 일이다. 반대로 과잉보호하여 성인이 되어서도 자기 주관 없이 눈치를 보며 사는 속칭 마마보이나 마마걸을 만드는 부모도 있다.

이런 모든 일이 내 아이는 내 것이니 내 마음대로 해도 된다는 생각이 깔려 있기 때문일 것이다. 내 아이라도 그의 고민과 아픔과 갈등을 다 알고 같이 해결할 수는 없지만 큰 틀 안에서 아이들이 사회에 잘 적응하며 영적으로 성장하도록 지켜보고 점검하는 것도 아이를 나에게 맡기신 하나님께 드리는 하나의 좋은 예배가 될 것이다.

아이들이 선물이 아니라 부탁 받았다는 것을 기억하며 살아야 할 가장 큰 이유는 내가 받은 모든 선물은 받는 순간부터 내 것이지만 아이의 소유주는 언제나 내가 아니라 하나님이라는 것이다.(*)

피라미드

<한국 영농 기술 개발에 금자탑(金字塔)을 세운 분>, <심장병 치료에 금자탑을 세운 분> 등의 말이 지금보다 더 많이, 유행처럼 쓰이던 때가 있었다. <금자탑을 세우다>의 뜻은 어느 분야에서 후손에게 길이 남을 뛰어난 업적을 이루었음을 비유하는 말이다. 그 금자탑이 바로 피라미드다. 사각뿔 모양의 외양과 내부의 상징적 모습이 한문 金자와 닮아 붙여진 이름이다.

벽돌과 돌로 만들어진 현존하는 81개의 피라미드는 아직도 많은 연구가 계속되고 있는데 큰 것은 2.5톤 무게의 돌을 230만개 사용하여 축조 되었다니 그 엄청남에 놀라게 된다.

30년 전 이집트에 갔을 때 사진으로만 보던 피라미드가 모래 바람 저 쪽에서 멀리 나타남을 보고 가슴이 뛰던 기억은 새롭다. 업무 출장이기에 시간에 쫓겨 내부에 들어가지는 못하고 낙타를 타고 한 바퀴 돌았을 뿐인데 박물관에서 유품들과 파라오들의 미라를 본 것과 피라미드 주변의 돌 몇 개를 주어온 것은 그나마 다행한 일이다.

피라미드는 기원 전 삼천 년부터 약 삼천 년에 이르는 이집트의 30개 왕조 시대에 세워진 왕과 왕족의 무덤 중의 일부로 알려져 있다. 천체 관측, 신전, 심지어 곡물 창고였다는 학설도 있다. 엄청난 유물, 세밀하고 교묘한 설계, 우주의 질서와 일치시키기 위한 천문학적 지식과 4차원 세계를 넘나드는 힘의 피라미드는 현대 과학 기술을 총 망라해도 아직 풀지 못하는 부분이 많은 신비의 건조물이기도 하다.

흙으로 비탈길을 계속 높여가며 축조했다는데 동력을 가진 중장비가 없던 시절에 그렇게 크고 무거운 돌을 그렇게 높이까지 쌓았다는 것은 경이로운 일이다. 많은 노예를 동원하여 강압적인 방법으로 축조했으리라는 것이 지금까지의 정설이나 최근 새로운 학설이 주목을 받고 있다. 이집트학의 권위자인 영국의 카트 맨델슨 박사는 노예들이 동원된 것이 아니라 일반 백성이 자발적으로 참여했다고 주장 한다.

매년 나일 강이 범람할 때에는 국토의 많은 부분이 침수되었다. 강의 범람으로 당시 백성의 거의 전부라 할 수 있는 사람들이 일거리를 잃어서 그들에게 일거리를 주기 위해 피라미드를 건조 했다는 것이다. 뉴딜정책이 이미 사천년 전에 이집트에서 있었던 것이다.

최근에 피라미드 근처에서 발굴된 축조 노동자들의 무덤에서 나온 뼈는 남녀 비율이 거의 같고 어린 아이의 뼈도 많이 발굴됨에 따라 가족 단위로 생활하며 일 했다는 학설을 뒷받침 한다. 강이 범람하는 4개월간을 전후로 백성을 살리기 위한 국가적인 행사이며 자연과의 조화, 공존의 조화, 이집트인들을 일치시킨 지혜의 상징이 되는 것이다.

이집트 상형문자의 거의 대부분이 해독 가능한 지금이니 스핑크스 안에서든 지하에서 더 많은 출토품이 나온다면 축조 목적, 과정, 방법과 용도 등의 수수께끼가 오래지 않아 풀릴 것이다. 동원 되었던 모든 사람이 죽고 스핑크스는 돌로 만들어진데다 오래 전에 못된 손들에 의해 입이 깨져 버렸으니 당분간은 비밀에 묻혀 있을 수밖에 없다.

오일샌드를 겨냥한 한국 원유 개발 업체들의 캐나다 진출이 이어지고 있다. 아직은 현지 조사와 가계약 단계에 있지만 순조롭게 진행되기를 바란다. 유전 범위가 넓고 오래 계속되며 많은 인원이 필요한 일이니 한국인들의 성실함과 양질의 노동력을 활용하는 아주 좋은 일이 될 것이다. 단순 지분 참여나 노동력을 제공하는 정도에 그치는 것이 아니라 탐사, 채취, 운영 등을 직접 수행하면 행정 업무와 노동력 투입은 물론이고 많은 인원을 위한 위생과 치료, 숙소 건설과 관리, 식품과 식당, 옷과 세탁 등 부수 효과도 상당히 클 것이다.

1980년대 초, 사우디아라비아의 많은 공사 현장에는 15만 명의 한국인들이 일하고 있었다. 나도 그 중에 한 명이었다. 한국의 식량 사정이 좋지 않을 때라 15만 명이 양식을 축내지 않는 것만 해도 엄청난 일이고 애국하는 것이라는 농담을 했다. 육해공군 각 병과별로 다 모여 있으니 여차하면 국군과 연합하여 통일을 이룰 수 있다는 말도 오고 갔다. 해외에 어떤 기반을 가지는 것은 절대로 손해 보는 일이 아니라고 생각한다.

좁은 땅에서 좁은 눈으로 세상을 보는 것에서 벗어나 자원 개발, 신도시 건설, 신소재의 발견 또는 발명, 고속철도, 지구 온난화로 침수 우려가 있는 곳에 성벽을 쌓는 큰 토목 공사 등에 뛰어 들어야 하며 정부도 적극적인 지원과 선봉장 역할을 하여 잠시의 불황 타개는 물론 경제 대국이 되는 금자탑을 세워야 할 것이다.

  피라미드가 노예를 동원하여 만든 왕의 무덤이라 할 때에는 감탄하면서도 눈살이 찌푸리다가 백성의 삶을 지원하기 위해 지어졌을 것이라고 할 때는 아름답고 멋지게 보이듯이.(*)

문신(文身)

한국에 비해 몹시 춥고 긴 겨울이지만 캐나다의 EDMONTON 시에도 봄은 어김없이 찾아온다. 잔디가 초록색으로 바뀐다든지 나무에 새 싹이 나오는 자연의 변화는 당연하다 치더라도 도시의 봄은 또 다른 모습으로 다가온다. 어디에서 나왔는지 오토바이들이 한 두 대 또는 무리를 지어 요란한 소리를 내면서 내 달리면 비록 잔설이 그늘진 곳마다 엎드려 있을지라도 봄이 시작되었음을 알 수 있다. 그 다음은 세련된 최신 모델이거나 고전적인 모양의 컨버터블 차들이 사람들의 시선을 의식하며 뽐내고 나올 때에는 봄이 깊어졌음을 알게 되고 웃통을 벗은 알몸의 남자들이 눈에 띠기 시작하면 봄이 무르익어 여름의 문턱까지 왔음을 알게 된다.

오토바이들이 나오는 시점부터 원하든 아니든 보게 되는 것이 사람들 몸에 그려 넣은 문신이다. 사람들을 많이 만나야 하는 편의점과 술 소매상에서 일하던 나는 참 많은 문신을 보았다. 어느 날부터 특별한 관심을 갖고 보게 되었는데 내가 예상했던 것보다 훨씬 더 많은 사람들이 문신을 하고 있다. 늙은 사람들의 문신도 심심하지 않게 보게 되지만 나이 든 사람보다는 젊은이가, 여자보다는 남자가 더 많이 하는 것이 사실인데 50대 미만은 거의 모두라 할 정도로 많은 남녀가 문신을 하고 있다. 어느 청년의 몸에 문신이 보이지 않기에 왜 문신을 없느냐고 기대에 차서 물었더니 바지를 걷어 올리는데 종아리에 손바닥 크기의 해골 그림이 있었다. 갓 고교를 졸업했을 나이의 소녀에게 문신이 없어 깨끗하고 좋다니까 자기는 엉덩이에 문신이 있다며 웃었다. 누구에게 보이려는 것인지.

문신의 크기와 모양도 다양하다. 작고 밝은 그림은 여자들이 좋아하는 것이고 온 몸을 한 개 또는 여러 개의 그림으로 덮고 있는 사람들도 많았다. 만화책을 펼쳐 놓은 듯한 느낌이 들 정도다.

사전에는 <살갗에 상처를 내거나 바늘로 찔러 물감이나 먹물로 글씨나 그림, 무늬를 새기는 일>로 되어있다. 기록을 찾아보았는데, 문신을 하는 방법도 여러 가지지만 하는 이유도 지역에 따라 사뭇 달랐다. 성인식을 할 때와 부족이나 씨족의 표시로 하는 문신이 대표적이라면, 신분이나 지위, 병마를 피하기 위한 주술적 수단도 있고 범죄를 저지른 사람에게 징벌로 문신을 하기도 하였다.

역사도 깊어서 B.C. 2000년경 이집트 미라의 팔이나 가슴에도 문신이 있으며, 구약 성서 레위기 19장에 문신이 금지된 구절이 있는 것을 보면 아주 옛날부터 그러한 풍습이 있었음을 유추 할 수 있다.

문신이 영어로는 Tattoo로 타히티어(Tahiti 語)이니까, 폴리네시아를 비롯한 많은 오세아니아 권과 남아메리카, 솔로몬 제도에서 성행하였다고 보이며 필리핀, 인도를 비롯한 동남아시아에 문신이 보편화되었다는 기록이 있다. 중국, 일본에도 고대부터 문신의 기록을 남겼으니 문신의 역사는 깊고 지구 전체에 널리 퍼져있었던 것이다.

색소를 피부에 침착시키는 문신은 피부색이 연한 인종을 중심으로 퍼졌으며, 아프리카 등 피부색이 진한 인종들은 피부를 꼬집어 올려 칼집을 내고 숯과 모래 등을 넣어 상처자국이 부풀어 오르게 하는 반흔(瘢痕)문신을 하였다. 중국의 옛 문헌 위지(魏志) 동이전(東夷傳)에 <'마한 남자들은 문신을 하고 있다.>는 기록이 있는 것을 보면 한반도도 예외가 아니며 고려와 조선 때에는 도둑의 이마에 문신을 넣었다고 하며 어떤 단체의 회원들이 결속과 일사 분란함을 맹세하는 뜻으로 몸 특정 부위에 같은 문신을 하였다고 한다.

'경을 치다.'라는 말이 있다. 흉악범에게 형벌을 주는 무거운 형벌 중의 하나로, 죄인의 이마나 팔뚝에 먹으로 죄명을 써넣는 것이다. 죽는 날까지 수치를 감수하며 살아야 했으니 어떤 면에서는 죽는 것보다 더 가혹한 형벌이었는데 세월이 흐르며 그 말의 뜻이 변질되었다. 오늘날에 '경을 치다.'하면 <나쁜 짓을 해서 혼내주다.>,

<호된 꾸지람을 듣거나 벌을 받다.>가 되었다. 구체적인 형벌의 뜻은 사라지고 추상적인 의미만 남게 된 것이다. 그나마 요즘은 <경을 치다.>는 말이 무슨 말인지 알아듣는 어린이나 젊은이가 거의 없으니 고어사전 속으로 들어가고 있는 말이다.

최근에는 문신의 기술도 발전하고 문신용 잉크도 개발되어 다양한 그림과 화려한 색채의 문신을 보게 된다. 문신이 미술의 한 장르로까지 자리 매김을 하고 있다하니 구석기 시대의 머리를 가진 나로서는 쉽게 고개를 끄덕일 수 없는 일이다.

다시 생각해보면 나와 우리는 모두가 어떤 문신을 이마 뿐 아니라 얼굴 전체에 그리고 살고 있다. 지난날은 어떠했고 지금은 어떻게 살고 있으며 내일의 나는 . 어떤 모습일까를 얼굴에 그려 넣은 채 살고 있는 것이다. 그것은 누가 그려준 것이 아니라 나 자신이 직접 그려 넣은 것이다.

나와 우리의 문신에서 이 시대의 모습을 보며 장려할 것과 고쳐야할 것과 없애야할 것을 가려보며 같이 생각하고 경우에 따라서는 같이 고민해 보는 것도 좋은 시간, 의미 있는 일이 될 것이다.(*)

인솰라

인솰라는 아랍어이고 '신의 뜻이다'라는 말이다. 대화의 내용에 따라 차이가 있지만 한 사람과 10분 얘기하는 동안 보통 세 번은 듣는 말이다. 그만큼 중동 사람들이 입에 늘 붙이고 다니는 생활 용어다. 헤어질 때 '인솰라'하는 사람도 있다. '신의 가호가 있으라'는 뜻이다. 현지 대학생에게 물으니 싸울 때도 '인솰라'를 쓴다고 한다. 그럴 때는 '신이 너를 저주할 것이다.'가 된단다. 그러니 통역과 번역이 어려울 수밖에 없다.

인솰라와 함께 그들이 입에 달고 다니는 말에 '부크라'와 '뭄킨'이 있다. 부크라는 '내일'이라는 말이다. 정부의 고위관리와 외교관들은 예외일지 몰라도 일반인들은 내일이나 모레 등 구체적인 날을 지칭하는 말은 없고 오늘 이후의 모든 미래에는 부크라를 쓴다.

'뭄킨'은 '된다, 가능하다'라는 말이다. 상거래든 일상생활에서 필요한 것을 얘기하면 무조건 뭄킨이다. 어렵다거나 안 된다고 거절하는 것은 들은 적이 없다.

"지구상의 인구가 70억을 넘고 계속 늘어나고 있으니 지구의 크기가 두 배로 되었으면 좋겠다."

"뭄킨. 가능하다."

"언제?"

" 부크라. 내일"

"1년 전에도 같은 얘기를 했는데 지구의 크기는 그대로이지 않은가?"

"인쌀라. 신의 뜻이다. "

어느 누구와도 이런 대화를 나눈 적이 없지만 억지로 얘기를 만들면 그렇다.

전혀 엉뚱한 얘기는 아니고 그들은 그런 분위기에서 그렇게 살고 있다. 이러한 언어문화를 이해하지 못하고 부크라와 뭄킨을 말 그대로 받아 들여서 생긴 어처구니없는 이야기는 내가 알고 들은 것만도 기억을 다 못할 정도다. 70년대 초 건설 회사를 필두로 한국의 많은 회사들이 중동으로 경쟁하듯 들어갈 때 현지 한국직원이 부크라와 뭄킨을 말 그대로 받아들이고 그대로 보고하여 한국에서 사장과 계약 팀이 날아가고 본사에 그 계약을 이행하기위한 특별부서가 급조되는 등의 예가 대표적이 될 것이다. 현지 직원의 과욕과 흥분이 일을 크게 벌리게 하였지만 쉬쉬해서 그렇지 거의 모든 한국회사들이 겪은 비화라고 생각한다. 그 일로 그 회사를 그만두고 다른 회사 주재원으로 나온 사람들도 여러 명 만나보았다.

일상생활에서 아랍인들이 서로 싸우는 것은 보기 어렵다. 유목

생활을 하면서 척박한 땅에서 살아남으려고 죽고 죽이는 험한 싸움을 한 민족이지만 기본자세는 알라신 밑에서 다 같은 형제라는 사상이 몸에 배어 있다. 일이 이렇게 된 것은 신의 뜻인데 우리끼리 싸울 일이 아니라는 것이다.

'세상만사 새옹지마'라는 말이 있다. 이 얘기의 주인공은 좋은 일이 있으면 나쁜 일이 있고 나쁜 일이 있으면 좋은 일이 있다는 말을 하며 말이 들어오고 아들이 살아남는 각 과정마다 주위 사람들처럼 호들갑을 떨지 않고 있는 그대로 받아들였다는 중국 얘기다.

우리는 팔자와 운명, 인연이라는 말을 많이 하며 산다. 어찌 보면 의식 깊은 곳에 자리 잡고 있는 민족사상인지도 모른다. 내가 잘 되고 못 됨이 다 내 팔자소관이고 내가 지금 처한 모든 형편과 일이 내 운명이라고 생각한다. 열심히 사는데도 어려움이 계속될 때 그것은 내 팔자요, 나보다 모든 면에서 뒤처지는 사람이 잘 사는 것은 그 사람의 팔자와 운명이 좋아서라고 생각한다. 어떻게 되기를 바랐는데 안 되었을 때도 그 일과 나는 인연이 없어서라 간주하고 넘어 간다.

어려움과 고난이 계속될 때와 감당하기 어려운 일을 만나면 "전생에 무슨 죄를 지었기에"라며 전생까지 끌어 들여가면서 내게 일어나는 모든 일을 팔자와 운명, 인연으로 여과시키려 한다.

그런 운명론이 깊이 자리 잡고 있기에 역사상 그렇게 많은 침략과 공격을 받았고 6.25 같은 참담한 민족 전쟁을 경험하고서도 지금까지 꿋꿋이 살고 있는지도 모른다. 그런 여과 작용 없이 있는 그대로 받아들이고 살았다면 미치거나 자살하는 사람들이 무척 많았을 것이다.

인쌀라는 아랍 사람들의 생활용어다. 그 말을 할 때마다 팔자와 운명을 깊이 생각하며 어떤 의미를 부여하며 하는 말은 아니다. 누가 무슨 잘못을 저질렀을 때 "괜찮아" 정도로 쓰고 "그래. 맞아. 그렇지." 식으로 상대편의 말에 맞장구치는 정도로 가볍게 사용한다. 그러나 그 이면에는 신을 두려워하고 감사드리며 모든 것을 신에게 맡기고 따른다는 생활 자세와 사상이 짙게 깔려있다는 것은 어렵지 않게 파악하게 된다.

나와 연관되는 모든 일을 팔자와 운명, 인연으로 돌리고 소극적으로 사는 어리석음에 빠질 위험이 있지만 뚜렷한 목표를 향해 가면서 팔자와 운명을 양념 치듯 적당히 섞어가며 산다면 괜찮은 삶을 살아 갈 것이라는 생각을 하게 된다.

"오늘부터 나는 열심히, 적극적으로 살겠다. 나쁜 운명을 만나면 내가 스스로 물리칠 것이며 팔자와 운명에 나를 맡기지 않고 나쁜 운명이 내 앞에는 절대로 머뭇거리지 못하게 할 것이다."

"그래? 인쌀라." (*)

니네 선생님

1.4 후퇴 때 대구로 피난을 갔기에 <서울피난 대구 수창국민학교> 라는 긴 이름을 가진 학교에 다녔다. 천막 교실이었는데 그나마 오전반과 오후반 2부제로 공부 했으며 비가 오면 여기저기 빗물이 새어 수업 도중에 집에 돌아가는 학교였다. 2년 후 분산하여 기존 학교에 편입하였는데 내가 대구 사람을 만나면 "나 수창초등학교 출신이야."하는 수창초등학교는 불과 세 달 다녔을 뿐이다. 천막교실 시절의 담임선생님은 평안도 사투리를 쓰시는 젊은 여자 선생님이셨는데 전쟁 때 과부가 되었다고 아이들이 수군거렸다.

그 선생님을 서울에서 다시 만났다. 어느 날 학교 정문 앞에 서 계시던 선생님이 "너를 얼마나 찾아 다녔는지 아느냐?"며 덥석 안아 주셨다. 그 후 학교에 자주 오셨는데 당시의 담임선생님과 친해져서 시험지 채점을 같이 하는 모습도 여러 번 볼 수 있었다.

나는 선생님이 학교에 오시는 것 자체가 싫었다. 우연히 창밖을 보던 반 아이 누군가가 "니네 선생님 오신다."고 소리치면 어디론가 숨어 버리고 싶을 정도였다. '니네 선생님'은 '니네 학교', '니네 엄마'식으로 '너의 선생님'을 그렇게 부른 것이다. 고등학교를 졸업

할 때까지 가끔 만났고 그 후에도 만났다.

한 번은 참한 아가씨를 소개해 주겠다는 전화를 주셨다. 피아노를 전공 했다는 정말 참하고 곱게 자란 아가씨였다. 그러나 다시 만나지는 않았다. 무언가에 오래도록 묶여있었다는 생각이 들었고 이제 그 족쇄를 끊어 버려야 한다는 생각이 강하게 들어서였다. 그 후 선생님을 만나지 못했다.

어느 날 어떤 단막극을 보다가 무엇인가로 뒤통수를 맞은 듯 갑자기 선생님 생각이 났다. 만나 뵙고 싶다는 생각이 큰 파도가 되어 계속 밀려 왔다. 마지막 만남이 10년을 넘었으니 돌아 가셨을 지도 모른다는 생각에 초조해 졌다. 열심히 추적 했다. 쉬운 일은 아니었으나 결국은 선생님을 만났다.

어느 해인가 풍을 만나 운신이 힘드셨는데 약속한 시간에 두 사람의 부축을 받으며 사시는 아파트 경비실 앞에 서 계셨다. 잡은 손을 놓지 않고 들려주시는 옛날 얘기는 끝이 없었다. 나는 사람과 사람의 만남이 얼마나 소중하며 사람과 사람의 만남이 얼마나 아름다울 수 있는가를 생각했다.

아무리 의학이 발전 했다 해도 앞으로는 모를까 아직까지는 백 살을 넘기기가 어렵다. 우리도 몇 십 년 뒤에는 모두 떠나고 사라지고 잊혀 질 것이다. 생명의 위험을 느낄 정도의 사고와 어려움을 여러 번 당하며 이제껏 성한 몸으로 살아 있다는 자체가 얼마나 감사한 일인지 모른다. 그런 생각을 하니 만나는 모든 사람이 새롭고 반갑다. 저마다 열심히 살다가 어떤 이유로든 이민을 결심 했고 많은 나라 중에 캐나다를 택했고 넓은 캐나다 땅에서 이 도시에 같이 살며 만나게 된 것은 보통 인연이 아니다. 불교식으로 말하면 몇 생, 몇 백 생의 얽히고설킨 인연이 있었을 지도 모른다. 지구상의 70억이 넘는 사람들 중에서 육신의 삶을 사는 동안 과연 몇 명이나 만날 수 있는가를 생각하면 더욱 그렇다.

누구는 거의 매일 만나고 누구는 일주일, 한 달 만에 만나며 또 누구는 몇 년 만에 만나기도 한다. 그러나 알고 보면 모두가 아주 귀하고 소중한 사람들이다. 그냥 스쳐 보낼 단순한 만남이 아니다.

나는 사람과 사람의 만남이 참 아름다울 수 있으며 모든 사람이 그 대상이 된다는 것을 생각하며 살 것이다.(*)

그림자

그림자는 짓궂게 흉내 내며 우리 곁에 늘 함께 있다. 해 또는 빛을 발하는 발광체의 위치와 밝기에 따라 길게 짧게, 흐리거나 뚜렷한 그림을 그린다. 거울처럼 실체의 모습을 그대로 보여 주지는 않지만 그렇다고 가식이 있는 것은 아니다. 얼룩말의 그림자에는 줄무늬가 없다. 소위 명품이라는 허영 덩어리로 온몸을 휘감거나 목디스크가 걸릴 정도로 무거운 금목걸이를 걸고, 떡칠 수준의 화장을 해도 그림자가 그것들을 나타내 주지는 않는다. 그림자가 못 생겼다고 성형 수술을 했다는 사람 얘기도 듣지 못 했다. 온종일, 평생을 같이 지내는 그림자인데도 의식하고 살지는 않는다.

오래전에 들은 그림자 얘기가 있다. 소설이나 동화에서 인용한 것으로 보이는데 내용은 대략 이렇다.

한 청년이 길을 가다가 백발의 노인을 만났다. 그 노인은 "금 한 덩이를 줄 테니 그림자를 팔라."고 했다. 청년은 곰곰이 생각하다가 그림자는 있어도 그만, 없어도 그만인데 수지맞았다고 생각하며 그림자를 팔았다. 해가 쨍쨍 났지만, 청년의 그림자는 없었다. 그는 금덩이와 물려받은 많은 유산으로 부자가 되었지만 밖에 나가지를 못

했다. 별난 사람을 구경하려고 사람들이 몰려들었기 때문이다. 약혼녀의 집에서는 그림자가 없다는 것은 무언가 불길한 징조라며 파혼을 통고 했다. 그 후 생각하지도 않았던 불행한 일이 자주 일어났다. 그림자를 돌려받으려고 그 노인을 찾아 나섰지만 끝내 만날 수가 없었던 청년은 광야에서 외롭게 살다가 죽고 말았다.

이쯤 되면 그림자는 단순히 그림자에 그치는 것이 아니라는 생각이 든다. 얘기의 결론은 하나님의 존재는 우리가 알지 못하고 지나지만, 무시하고 살면 불행해진다는 것이었으니 아마도 교회에서 들은 것 같다.

실체가 있는 모든 것은 그림자가 있다. 그림자를 끌고 나타나는 유령 얘기는 들은 적이 없으니 <그림자는 영혼이다.>라는 말은 너무 비약했나? 무생물체도 그림자가 있으니까 비약 정도가 아니라 궤변이 될 것이다.

사전에는 <빛이 비치는 반대쪽에 거뭇하게 나타나는 물체의 모양>으로 되어 있다. 사전은 항상 상식적이고 당연한 말만 한다. 그러니까 사전이다. 그러나 실제 생활에서는 여러 가지로 인용되고 비유하며 사용하고 있다. 그림자 자체가 아름다움과는 거리가 있기 때문인지 어두운 예로 많이 비유됨을 새삼스럽게 깨닫게 되었다.

그 하나는, 마음의 참모습 즉 진짜 속마음을 그려 내기도 한다. 한 컷짜리 시사만화에 가끔 등장하는데 활짝 웃으며 반갑게 악수하는 두 사람의 그림자는 서로의 뒤통수를 가격하고 있다. 웃으며 정답게 선물을 주고받는 그림자는 상대방의 지갑을 빼내고 있으니 작은 것을 주고 큰 것을 뺏는, 현실의 삭막함을 꼬집는다.

또 다른 하나는, 상처, 고통, 어두운 기억, 나쁜 습관 등 밝지 않은 자신의 모습을 표현한다. 프로이드와 함께 현대 심리학을 대표하는 구스타프 융은 "마음의 그림자란 의식의 골짜기 깊은 심연 속에 살아 있는 열등한 자아."라고 말했다. 그 열등한 자아가 문제아를 만들기도 하고 사회적으로 큰 물의나 사건을 일으키기도 한다.

다른 하나의 어두운 의미가 있다. <유럽 경제의 짙은 그림자>, <그 나라를 둘러싼 검은 그림자>라 하면 밝지 않은 미래를 예고하는 것이 된다.

이것들과는 반대 개념으로 따뜻하고 부드러운 면도 갖고 있다. 함께 기쁨과 어려움을 나눈다는 말이다. 핵우산의 그림자라는 말이 있듯 위험하고 무서운 것들과 같이 맞서고 막아 주며 더운 날 그늘이 되어 보호해 준다는 뜻으로 인용 된다.

그런 의미의 아주 좋은 시가 있다.

<때로는 앞에서. 때로는 뒤에서, 외로우면 외로운 대로, 괴로우면 괴로운 대로, 나는 그대 모습으로 동행하리라.>

어느 분의 시인지는 잊었는데 누가 나에게 이런 말을 해 준다면 나는 너무 황홀하여 기절할 것이다.

만나는 사람들, 일터, 교회와 내가 연관된 모든 곳에서 내 그림자는 과연 어떤 모양을 하고 있을까? 어둡고 부정적인 그림? 많은 것을 막아주는 우산?

평소에 거의 의식하지 않고 지냈던 그림자를 떠올리며 여러 가지 생각을 하였다. 잠시 어설픈 철학자가 되었던 내가 그림자에 대해서 내린 결론은 간단하다.

<그림자는 그림자다.>(*)

남자의 삼거지악(三去之惡)

며칠 전, 어느 교민 남자가 가족에게 버림받고 이 친구 저 친구 집을 떠돌다가 한국으로 돌아갔다는 말을 들었다. 한국에서 공무원 생활을 하다가 이민 온 지 3년 만에 혼자 한국으로 돌아갔단다.

문 부장은 내가 부천에서 플라스틱 공장을 운영할 때 거쳐 간 몇 명의 공장장 가운데 한 사람이다. 같은 업종의 기술 경력이 16년이 되고 허우대가 멀쩡하고 나이도 삼 십 후반에다 기술적 질문에 막힘이 없어 직급은 부장, 직책은 공장장으로 채용했다. 집에 가지도 않고 기숙사에 머물며 밤낮으로 공장을 돌보는 모습을 흐뭇한 마음으로 바라보았다. 기계를 끄면 다시 열을 올리는데 세 시간이 걸리고 열을 올리고도 정상 제품이 나오기까지 30분간은 전부 불량품이 나오는 기계와 제품의 특성상, 평일에는 24 시간 기계를 돌리고 토요일 밤에 기계를 세우는 공장 여건에 참 좋은 공장장을 만났다고 만족해하였다.

한 달쯤 지나서 직원 한 명이 말했다. "우리 공장장 참 불쌍해요. 집에서 쫓겨났대요." 집에 가지 않고 일에 전념함을 비꼬는 농담으로 알고 웃다가 다음 말에 내 말문이 막혔다.

"술을 마시면 아들이 보고 싶다면서 울어요."
"저런!"
공장장과 둘이서 저녁 자리를 가졌다.

"친구 회사에 일정 금액이 아니라 회사 전체를 친구와 공동으로 책임지는 연대보증을 섰단다. 그것을 안 처가에서 보증을 철회하던지 빨리 다른 대책을 세우라 해서 집을 처의 명의로 바꾸고 형식을 갖추기 위해 법적으로 이혼도 했단다. 이제껏 남편 알기를 소 닭 보듯 하던 아내의 타박이 그 후로 아주 노골적이 되었고 어느 날,

"오늘부터는 집에 오지 말라."는 전화를 받고 무슨 소린가 싶어 집에 갔더니 현관 자물쇠가 바뀌어 있더라고 했다. 어이가 없어서 문을 두드리며 고함을 치다가 아내의 신고를 받고 온 경찰에 연행되었고 그 일을 빌미로 집과 가족에게서 500 미터 이내에는 접근하지 못 한다는 판결문을 전해 받았다고 했다. 아들이 보고 싶으면 학교에 가서 먼발치로 보든지 가끔 군것질거리를 전해 주고 온다고 했다.

그 후 문 부장을 딱하고 측은하다는 마음과 못나고 한심하다는 마음으로 보게 되었는데 모든 직원이 사실을 다 알고 공장장을 우습게 여기게 되니 직원 통솔이 제대로 되지 않아 회사를 떠나도록 하였다.

조선조의 율령 법 (律令 法) 아래서는 남편의 일방적인 의사 표시로 이혼할 수 있었다. 여자의 칠거지악 (七去之惡)이라 하여 일곱

가지 사항에 하나만 해당되어도 이의 없이 시집을 떠나야 했다.

1) 시부모에 순종하지 않는 여자,
2) 아들이 없을 때,
3) 질투가 심한 여자,
4) 음탕한 여자,
5) 나쁜 병이 있을 때,
6) 말이 많은 여자,
7) 도둑질하는 여자가 이에 해당된다.

그러나 칠거에 해당하는 여자라도
1) 내 쫓아도 의지할 곳이 없을 때,
2) 부모의 3년 상을 치루고 있었을 때,
3) 여자가 시집 온 이래 재산이 늘었을 때는 삼 불출 (三不出)이라 하여 이혼할 수 없도록 안전장치가 마련되어 있었다. 나쁜 병이 있거나 간통하였을 때는 예외지만 삼 불출에 해당되는데도 내쫓으면 남편은 곤장 100대를 맞고 다시 같이 살게 하였다고 한다. 관습법으로 조선 후기까지 이어졌는데 오늘의 민법에서는 칠거지악을 인정하지 않으며 재판상의 이혼만 인정하고 있다.

문 부장이나 혼자 한국으로 떠난 교민 남자는 좀 특별한 범주에 들고 모든 남자들에게 해당하는 얘기는 아니지만 두 세대, 한 세대 전에 비하면 남자들의 위상이 많이 낮아졌고, 낮아지고 있는 것은 사실이다. 캐나다에서는 그 정도가 더 심하다. 부부가 함께 일한다. 전업 주부는 찾아보기 어렵다. 같이 일하며 가사와 아이들 뒷바라지까지 같이 하니 여자들의 목소리가 당연히 커질 수밖에 없다. 경제권, 자녀 교육권, 사업 선택권, 이사할 집이나 자동차 선택권 등 한 가정의 거의 모든 주요 권한이 여자에게 들려있는 집들이 많다.

속담인지 우스갯소리로 전해 오는 말인지는 모르나 북어와 여자는 사흘에 한 번 방망이로 두드리라는 말이 있다. 북어는 두드려서 포장해 놓은 것을 사면되지만 사흘에 한 번 여자를 두드려야 할 방망이는 한때 남자였다는 상징으로 남아있을 뿐 아무런 감동이 없는 지경에까지 이르면 말 그대로 고개 숙인 남자가 될 수밖에 없을 것이다.

가족에게 버림받고 쫓겨나는 일이 실제로 일어나고 있음을 보며 남편의 삼거지 악 (三去之惡)을 생각해 본다.
 1) 가족이 만류함에도 불구하고 술과 도박이나 마약에 빠져 가산을 탕진한 남자,
 2) 시도 때도 없이 가족에게 폭력을 행사하는 남자,
 3) 작은마누라를 두고 본처와 아이들을 전혀 돌보지 않는 남자,
 이 세 가지에 해당하는 남자가 아니라면 가장으로 인정하고 합당한 대접을 해 주지는 못할망정 쫓아내는 일까지는 없어야 할 것이다.

나는 남성 우월 주의자가 아니고 남자가 여자보다 무조건 더 대접을 받아야 한다고 주장하는 것은 결코 아니지만 어쩌다 남자의 위상이 이 지경까지 왔는가를 생각하면 공연히 초라해지고 외로워진다.(*)

화분 하나

　이발소 그림이라는 것이 있다. 동네 이발소에 걸려 있는 그림들이다. 주로 풍경화인데 미술의 문외한인 내가 보아도 예술적 가치를 말하기에는 그저 그런 그림을 통칭하는 말이다. 어떤 그림이 어느 벽에 걸려 있던가는 몇 번 보고 나서도 기억이 나지 않는다.
　호텔의 식당과 커피숍과 로비에는 음악이 잔잔히 흐른다. 음악이 있구나 하고 느끼면 들리고 무심코 있으면 들리지도 않는다. 노래 제목은 알 필요도 없지만 호텔의 분위기와 시간대에 맞는 곡을 선정한 조용한 음악이 흐른다. "음악이 좋지요?"하고 물었을 때 상대가 고개를 끄덕여도 그만이고 도리질을 해도 그만인 그런 음악이 흐르는 것이다. 무능한 사람을 말할 때 <있어도 그만, 없어도 그만인 사람>이라는 표현을 쓰는데 호텔 음악이 바로 그런 음악이다.
　내가 늘 다니는 길에 눈길을 주게 되는 집이 한 채 있다. 주택가에 모양이 비슷비슷한 집들 중에 하나인데 그 집 현관 옆에 화분이 하나 높게 걸려 있다. 나팔꽃 비슷하게 생긴 꽃이 화분이 안 보이도록 화분을 감싸며 흘러넘치게 피어 있다. 화분의 크기는 꽃에 가려 알 수 없으나 피어 있는 꽃의 폭은 1미터가 넘고 길이는 거의 땅에

닿을 정도로 기니 그것이 특징이라면 특징이다. 캐나다의 어느 도시든 주택가 대개가 그렇듯이 한 시간이 넘도록 지나가는 사람을 보기 어렵고 아무 소리도 들리지 않는 길에 햇살을 담뿍 받으며 걸려 있는 화분은 주위를 더욱 고요하게 만들었다.

　어느 날 그곳을 지나다가 무언가 달라진 동네 모습에 차를 세웠다. 어제가 그랬고 그제가 그런 똑 같은 모습인데 어딘가 허전하고 무언가 다른 느낌이 들었지만 도저히 원인을 알 수가 없어서 한참 서 있었다. 그러다가 찾았다. 알아냈다. 그 집의 화분이 보이지 않은 것이다. 화분 하나가 동네 분위기를 바꾸어 놓았던 것이다. 다음 날에는 그 화분이 다시 걸려 있었다. 사실은 화분이 보이지 않은 날부터 그 집에 눈길을 주게 되고 화분을 확인하게 되었지 그 전에는 그런 집이 있는지도 몰랐던 평범한 집이다.

　중·고등학교 때 자주 들은 말이 있었다. <언제 어디서나 그 자리에 없어서는 안 될 사람이 되라>는 말이다. 교훈보다 더 많이, 더 자주 들은 것 같다. 그 때는 <그럴 수 있으면 좋겠다.> 정도로 흘려 넘겼는데 사회생활을 하며 가끔씩 나를 돌아보게 하는 잣대가 되었다.

　호텔에 갈 일이 거의 없는 지금이지만 모처럼 들린 어느 호텔의 커피숍에서는 예외 없이 잔잔한 음악이 흐르고 있었다. 만일 커피숍에 음악이 없다면 무언가 표현하기 힘든 삭막한 느낌이 들 것이다. 다시는 그 곳에 가지 않을 것 같다.

　없는 듯 있는 음악, 없는 듯 있는 화분, 없는 듯 있는 이발소의 그림을 생각하며 없는 듯 있는 사람을 떠 올려 본다. 그 사람이 없다고 가정하였을 때 <큰일이다>, <상상할 수 없다>, <말도 안 돼>는 아니더라도 <얼마나 허전하고 섭섭할까> 정도만 되면 그 사람은 그 자리에 없어서는 안 될 사람이라고 생각이 비약하게 된다. 언론에 자주 오르내리는 사람들만이 있어야 할 사람이 아니라 평소에는 잘 보이지 않으나 제 자리에서 제 할 일을 열심히 하며 남을 배려하고 베풀 줄 아는 사람이 정말 그 자리에 없어서는 안 될 사람일 것이다. 내가 유명 인사가 아니기에 그런 말을 한다고 꼬집으면 할 말은 없다.

아무도 듣지 않고 누구도 느끼지 않고 지나치지만 그 곳에는 오늘도 잔잔한 음악이 흐르고 그 집 현관 옆에는 큰 화분이 하나 걸려 있고 그 사람은 그 곳에 있을 것이다.

어떤 분위기를 만들고 지키면서.(*)

3부

캐나다 아리랑

여행

 덥다. 그리고 보니 휴가철이고 그렇게 보아서인지 도로의 차량도 많이 줄어든 것 같다. 우리는 가끔 어디론가 떠나고 싶다고 얘기한다. 답답한 일상에 숨통을 열어 낯선 곳에서의 쉼을 생각하는 것이다.
 여행을 떠나는 사람들을 보면 참 부럽다. 지나고 보면 그때 여행을 떠났어도 아무 문제가 없는 반복되고 단조로운 생활인데 그 단조로운 일상에 묶여서 다음으로 미루고 미루어 왔기 때문이다. 더구나 경비 문제로 여행 자체를 생각할 수 없을 때에는 잠시나마 허탈감에 빠지기도 한다.
 나는 1970, 80년대에 회사 무역부에 근무했음으로 해외로 출장 나갈 기회가 많이 있었다. 하지만, 출장은 여행과는 사뭇 다르다. 우선, 개인 시간이 없다. 미리 짠 일정대로 시간까지 맞추어 여러 나라를 다니다 보면 잠자는 시간 내기도 어려운 일이 자주 생긴다. 출장 업무에 대한 부담감은 늘 안고 있어야 하며 시차는 언제나 애를 먹이며 피곤하게 만든다. 휴대폰이 없던 시절이니 수시로 진행 상황을 보고하고 업무 협의를 해야 하기에 숙소인 호텔을 다섯 시간

이상 벗어나기 힘들다. 엿새 동안 한 호텔에 머문 일도 있다.

　매 번은 아니지만, 출장 전에 미리 또는 출장 끝 무렵에 직속 상사에게만 양해를 구하고 혼자 잠적한 경우도 여러 번 있었다. 주로 잘 알려진 관광 명소를 둘러보는 것이었는데 특이한 체험도 했다. 이집트의 시골과 태국의 화전민 촌에 머문 일이다.

　이집트는 옛 생활 모습을 보고 싶다는 내 말에 거래처 직원이 출생 본가를 안내해 주어 사흘을 묵었다. 전기와 수도, 전화가 없는 것은 물론이고 최소 100년 전 속으로 들어가 본 것이다. 의사소통은 몸짓과 그림뿐이었는데도 많은 얘기를 나눌 수 있었다. 귀한 손님이 왔다고 몇 가구 안 되는 동네 사람들이 모여 캠프 화이어 두불을 피워 놓고 음식을 들며 노래와 춤을 추던 밤은 잊지 못한다. 별들은 어찌 그리 아름답던지.

　태국에서도 운 좋게 화전민 촌에서 이틀 간 머물렀는데 도착해서 떠나는 날까지 비가 내려 활동에 제한은 있었지만 정취는 사뭇 달랐다. 지붕과 풀숲에 떨어지는 빗소리는 태고의 모습, 태고의 소리를 듣는다는 느낌이 들었다. 떠날 때는 곳곳의 계곡물이 위험하다고 여덟 명이 비를 흠뻑 맞은 채 10 KM 이상을 같이 걸으면서 보여 준 맑은 웃음과 하얀 이는 지금도 생생히 기억하고 있다.

　어느 곳, 어느 나라든 시골일수록, 가난할수록 사람답고 사람 사는 훈훈한 냄새를 물씬 풍긴다. 말레이시아의 어느 마을 민가에서 하루 밤 묵을 때의 일이다. 식사 준비를 한다는데 이상한 냄새가 몇 번 숨을 멈추어야 할 정도로 심했다. 한참 후 그 냄새의 주인공이상에 올랐다. 큰 나무 잎에 싸인 음식이었다. 어떤 종류의 삶은 고기에 양념스프를 듬뿍 얹었는데 색상은 갈색이었다. 연상되는 것은 딱 하나였고 냄새는 그와 걸맞게 역겨웠다.

하도 권해서 한 조각을 억지로 삼키고 나면 또 썰어 주고, 또 주고. 인정이 고마워서 맛있다며, 게다가 즐기는 듯 웃으며 먹어야 하니 고문이 따로 없었다. 지금은 그 음식 이름을 잊었는데 나중에 현지인에게 음식이름을 대며 그 얘기를 했더니 깜짝 놀라면서 그 정도 경제 수준의 집에서는 1년에 한 번 먹기 힘든 음식이고 아마도 보름치 이상의 생활비가 들었을 것이라고 했다. 어쩐지 그들은 그 음식 하나를 식구 수대로 6등분하여 아끼며 먹더라니. 다음 날 숙박비라며 돈을 주니까 온 가족이 팔을 내저으며 강하게 거절해서 직접 주지 못하고 그 집 가장이 끼고 살다 시피 하는 물 담배 허리춤에 봉투를 슬쩍 붙이고 나온 것은 참 잘한 일이라고 생각한다. 현지의 생활수준으로는 두 달 치 생활비는 거뜬히 넘었을 것이다. 전에는 만난 일이 전혀 없는 가족이며 땡볕에서 냉차와 과일을 파는 부모 곁에 선 계집애의 웃음이 하도 천진스러워서 사탕 몇 알을 준 인연뿐인데도 그렇다.

여행은 생각하는 것만으로도 즐겁다. 알지 못하는 곳에 대한 호기심과 여행에서 얻을 기대감이 있기 때문이다. 언제, 어디를 갈 것인가? 무엇을 어떻게 준비하나? 그 과정 하나하나가 재미있고 즐거운 일이다.

여러 가지 상황과 다양한 사람들을 만나는 여행 중에는 사람들의 생각과 가치 기준이 다를 수가 있다는 복합 문화를 인정하게 되고 인종과 생활과 풍습과 언어와 종교는 달라도 사람들의 기본은 다 같다는 생각을 점점 더 깊게 하게 된다. 여러 사람을 만나는 것은 결국 수많은 나를 만나는 것이며 나를 객관적으로 바라보는 기회이기도 하다.

  가고 싶은 곳을 다 가 볼 수는 없지만, 내년에는 더 이상 주저하지 않고 가까운 알래스카부터 갈 생각이다. 다음 해에는 잉카의 유적, 그 다음 해에는 인도 땅에 서 보고 싶다.

  가자! 어디든!
  그 곳에서는 누군가가 또 무엇인가가 나를 기다리고 있을 것이다.(*)

캐나다 아리랑

매년 이맘때면 유난히 더 그립다.
섬돌에 내려앉던 하얀 햇살
양지쪽 회양목 밑에 줄을 섰던 채송화
봉숭아 애잔한 낮은 돌담 위로는 어느새 기어 오른 나팔꽃이 만발했고
까치 앉던 나무엔 라일락꽃이 피었지
실수로 가득한 내 지난날들이 곱게 단장하고 꿈길처럼 다가오는
태평양 저쪽 끝의 작은 거인, 내 조국

벼르고 찾아온 곳 캐나다 땅, 십사 년
맑은 공기, 시원한 지평선, 장쾌한 자연, 감탄하며 스쳐 가기로는 으뜸이지만,
생로병사, 오욕칠정에 백팔번뇌 안은 삶은
여기가 거기
유토피아는 어디에 있나?
무릉도원은 왜 이리 먼가?

아리랑 아리랑 아라리요
아리랑 고개를 넘어간다.

VANCOUVER 섬에 가는 페리호는 차를 오백 대 이상 싣는단다.
상갑판에 올라 바다를 본다.
파도가 저 아래서 혼자 넘실거린다.
가랑비에 가려서 수평선이 보이다 말다 한다.
바람에 날려서 작은 섬들이 사라졌다 떠오른다.
그래, 오늘은, 이렇게 비가 내려야 제격이다.
지붕만 있는 간이 휴게소에서 반백의 남자가 기타치며 노래한다.
파란 눈치고는 제법 흥을 아나 보다
"이 봐! 방랑 시인!
이럴 때는
찔레꽃, 선창, 가을 비 우산 속에 아니면 아리랑, 노들강변을 불러야지
꼬부랑 노래가 뭐냐?
알아들어야 흥이 나지."

서부 내륙 EDMONTON에서 TORONTO에 갔다.
캐나다 동쪽 끝에 거의 온 줄 알았더니
동쪽 끝까지는 지금 온 거리 이상을 더 가야 한단다.

비행기로 세 시간을 날아왔는데?
자동차로는 열흘 넘게 걸려.
걸어서 가면?
몰라!
오로라 넘실대는 북쪽은 또 언제 가나
엄청 넓은 땅이고 무척 넓은 땅이다.
짜장 넓고 억수로 넓고 허벌나게 넓다
또 다른 표현이 없을까?
어쨌든 넓다.
이 땅이 무인지경이었을 때에
고구려 백제, 신라는 좁은 반도 안에서 으르렁거렸고
고요한 아침의 나라에는
동인 서인, 노론 소론, 남인 북인에 시파 벽파가 있었다지?
그런 역사의 아픔과 교훈을 아는 지금의 우리는?
차라리 입을 닫자

NIAGARA 폭포 앞에 섰다
내가 너무 작다
전망대 앞에는 꽃들이 만발하다
엄청 큰 소리로 엄청 물을 쏟더니
기어이 꽃송이들을 터트려 놓고야 말았다

ELK POINT 가는 길에 키 큰 장승 홀로 섰다
온다는 약속 안 했지만 마음끼리는 통했던가?
기다림에 지쳐 휑한 눈이 완연한데 모르는 척 무심한 척 눈길을 피한다.
외로움에 진저리친 몸통을 쓰다듬다가
정작 마을 이름 묻는다는 것을 깜빡 잊고 돌아 왔다

산악회에 묻어서 다시 산에 오른다.
스쳐보던 산과는 확연히 다르다. 한여름에도 눈이 가로 막는다
억센 바위와 가파른 언덕, 일행과 헤어져 혼자 내려온다.
곰이 무서워서 두리번거리며 계속 노래를 불렀던 것 같다
귀가 멍할 정도로 고요하다.
봉덕사종이 울리면 좋으련만

차장이 보이는 곳까지 내려와 인생의 무게인 양 배낭을 내려 놓는다.
나무에 기대앉아 앞산을 보다가 아예 누워서 하늘을 본다.
조각구름 한 송이가 평안을 주고 간다.

아리랑 아리랑 아라리요
아리랑 고개를 넘어간다

호수의 나라답게 곳곳에 호수다
수평선이 보이고 파도치는 큰 호수도 많은데
아늑한 이 호수는 말 그대로 호수다
잔잔하다
물방개가 지나가도 바로 흠집이 난다.
산들과 나무들이 가득 들어 있다.
하늘도 담겨 있다
돌 하나를 집어 호수에 던진다.
하늘, 산, 나무가 흔들리며 사라진다.
나 또한 흔들흔들 멀리 사라진다.
그 자세로 영겁을 엎드려 있을 것 같던 오리가 어느새 날아간 뒤
청설모 한 마리가 급히 나무에 오른다.

MIETTE에는 야외 유황 온천장이 있다.
비키니 차림의 젊은 여인들
겨울에는 제법 은근한 눈요기가 된다.
온천수가 치솟는 샘물을 찾아 오른다.
이곳에 오면 나는 의례 이 샘물을 찾는다.
이곳에 오면 나는 의례 이 샘물을 마신다.
오르고 내리던 등산객들이 물 마시는 나를 본다.
무슨 물을 마시느냐고 묻기에 유황 물을 가리킨다.
아니라며 고개를 도리도리 한다.

마시던 물을 버리고 새로 받아 마신다.
다시 도리도리 한다.
믿지 못하겠다는 것인지, 마시면 안 된다는 것인지... ...,
한 컵 떠서 준다.
도리도리하며 돌아 선다.
그놈들 오늘 참 여러 번 도리도리 한다.

TEMBERTON에는 숲이 울창하다.
버섯 따러 들어갔다 길을 잃었다
아름드리 나무들이 쓰러진 채 이끼에 싸여 승천 중이다
연어 철이 되면 강이 붉게 보인 단다.
온 숲에 물이 들면 빈 가슴 안고 와야지

아리랑 아리랑 아라리요
아리랑 고개를 넘어간다

동화 책속에서나 있을 듯한 그림 같은 마을에
무언가에 홀린 듯 빨려 들어간다.
사람은커녕 움직이는 것이 없다
세상 모든 소리가 침묵 속에 녹아 있다
고요를 깰까봐 조심스레 빠져나와 ATHABASKA 폭포로 향한다.

무심한 냇물을 따라 걷다가
자다 깬 아이처럼 폭포 길목에서 혼자 서성거린다.
좁은 다리를 건너는데
폭포의 물보라가 얼굴을 때린다.
내가 누구인지 잠시 혼란에 빠진다.

주변의 상처를 어루만지며 흐르던 물은
제법 큰소리치며 떨어지고 멀어진다
수 만 년을 흘러흘러 온 물은 벼랑에 흔적을 남겨 놓았다
초등학생이 그린 그림처럼 단순하고 순수하고 진실하다
세월의 무서움을 그린 그림 속에는
초라한 내 모습도 저쪽 구석에 있다

난간에 기대어 폭포를 본다.
무엇 그리 그리운 것이 있어 저렇게 쉼 없이 찾아 흐르나
내가 가진 흔적과 생각마저 언젠가는 저렇게 흘러가겠지?
소리치며 저리로 몰려가는 물살 속에서
빠끔히 고개 내민 내 넋을 보았다

아리랑 아리랑 아라리요
아리랑 고개를 넘어간다

등산로 옆 큰 바위 마다 정성들인 돌탑이 고즈넉이 앉아 있다
한눈에 보아도 백 개가 넘는다.
운주사 돌탑과는 비교가 안 되는
두 뼘 세 뼘 크기의 자그마한 탑들이다
언제 누가 왜 무슨 소원을 담으면서
저토록 정성을 들이며 쌓았을까?
십계명 판을 든 모세 같고
망부석 된 누군가의 기다림 같고
화두에 빠진 고승의 결가부좌 같다

마음이 아플 때 그 무거움은 돌이 된다지?
보고 푼 것이 없어졌다가
다시 못 견디게 보고 싶어질 때까지의 오랫동안
인생의 도를 찾아 헤매던 구도자가
아픈 다리 잠시 쉬며 먼 하늘 보다가
그 돌들을 그러모아 저 탑을 세웠을까
가까이 있는 아담한 돌탑 위에 내 바람 한 조각 올려놓았다

산 좋고 물 좋고 너 좋고 나 좋고
만나는 모든 것이 반갑고 고마우니
허허 웃고 껄껄 웃고 한세상 웃고 살다
너털웃음에 빈 마음 날리며

로키 산 바위 뒤로 사라질까나

아리랑 아리랑 아라리요
아리랑 고개를 넘어간다
한 세상 사는데 웬 시름인가
마음 하나 바꾸니 어디나 낙원(*)

폭포

 흐르던 물이 절벽을 만나 수직으로 떨어진다. 폭포다. 세계의 3대 폭포는 미국과 캐나다 국경에 있는 나이아가라, 브라질과 아르헨티나 국경의 이구아스, 잠비아와 짐바브레 사이의 빅토리아 폭포다. 최대의 낙차를 지닌 베네수엘라의 엔젤 폭포는 낙하 높이가 979 미터라나? 나이아가라가 51 미터인 것을 감안하면 가히 장관일 것이다. 빅토리아 폭포의 낙하 수량은 매분 30만 입방미터라고 하니 그 엄청남이 엄청나다. 물이 많으면 많을수록, 낙차가 크면 클수록 더 크고 더 강력한 폭포가 되고 예외 없이 관광 명소가 된다. 내가 본 것은 나이아가라뿐이지만 두 폭포도 언젠가는 보게 될 것을 기대한다.

 폭포의 생성 원인과 과정을 지질학적으로 말하면 꽤나 설명이 길어지겠는데 그만한 지식도 없고 폭포를 학문적, 과학적으로 분석하면 재미가 없을뿐더러 지질학자들의 밥줄을 건드리는 일이 되니 생략한다.

 한국에도 많은 폭포가 있다. 규모면에서는 세계적으로 이름난 것들에 비해 작은 것은 사실이지만, 섬세하다고 표현 할 정도로 아름다운 주위 환경과 조화를 잘 이루어, 은근하고 멋진 한 폭의 동양화를 연상시키는 한국의 폭포는 그 아름다움에 있어서는 세계의 어느 폭포보다 높이 평가될 것이다.

폭포는 감탄과 즐거움을 줌과 함께 보는 사람들의 가슴 속까지 시원하게 해 주며 구름을 뚫고 떨어지는 거대한 물줄기와 물길 아래 자리 잡은 무지개는 언제나 신비함 그 자체이다. 폭포는 그 동안 시인과 화가, 음악가, 무용가 등 예술가들뿐만 아니라 많고 많은 사람들의 마음을 빼앗아 왔으며 그 웅장함과 아름다움을 어찌 표현할 수 없어서 가슴을 두드리며 돌아서야만 했을 사람들은 또 몇 명일까?

지난주에는 ROCKY 산 속에 있었다. 산에 오르거나 캠핑을 하는 것이 아니라 93번 고속도로를 타고 흐르는 극히 단조로운 여행이었다. BANFF를 떠날 때 부슬부슬 내리던 비는 LAKE LOUISE에 이르자 함박눈으로 변했다. 눈 속에서도 나무들은 제각기 숨겼던 자기 색깔을 자랑하며 물들고 있어서 여행의 정취를 더 하여 주었다.

BANFF에서 JASPER, 또 그 반대코스로 거의 매 년, 사흘이나 나흘 정도 머무는 여행이지만 처음 보는 것처럼 늘 새롭고, 지구 밖으로 튕겨 나간 듯 언제나 나를 무아지경 속으로 밀어 넣는다. 산 속으로 더 깊이 들어가면 더 아름답고 더 신비로운 곳이 있겠지만 좋은 안내자를 만나지 못한데다 먹고 사는 것이 무엇인지 엄두를 내지 못하고 이번에도 급히 돌아 서야만 했다.

잠간씩 머물다 스쳐지나가는 여행길에 꼭 들르는 곳이 있다.

SUNWAPTA폭포와 ATHABASCA 폭포다. 규모와 낙차가 크지 않은 폭포다. 오랜 시간을 그 곳에 머문다. 이곳저곳 여러 각도에서 폭포를 한참 바라본다. 눈을 감고 소리를 듣는다. 폭포 앞에 서면 시간이 보이고 시간이 흘러가는 것이 보인다. 평소에는 느끼지 못했던 시간이 요란한 소리를 내며 내 곁을 지나간다. 방금 내려 온 물은 벌써 저만치에 가 있다. 시간이 내 곁을 지나가는 것이다. 결국 내가 떠내려 흘러가는 것이 보인다. 그래서 조형진 시인은 <먼 길, 머나먼 길, 힘들지나 말지. 시간은 역류를 허락하지 않아>라며 가슴을 친다.

날아 떨어진 물이 바위틈으로 사납게 여울져 흘러가는 것은 이 두 폭포가 가진 두드러진 특징이다. 안내판에는 물과 바위의 전쟁이라고 씌어 있다. 부드러움이 강함을 이긴다는 뜻이 깊이 깔려 있는 문구다. 길고 오랜 세월 동안 물이 흐르며 바위를 깎아 낸 흔적은 나를 압도한다. 여러 단층을 보이며 깊고 높게 깎인 바위의 모습은 물의 힘에 놀라기에 앞서 시간과 세월의 무게에 무서움을 느끼게 된다. 그 무서움과 엄숙함이 좋다.

어떤 무서움을 느끼는 것은 폭포로 마음이 비워졌고 맑아졌기 때문이라고 억지를 부려 본다.

폭포 앞에 서면 시간이 보인다.

시간이 빠르게 흘러 사라지는 것이 보인다.

그 앞에 선 약하고 작은 내가 보인다.(*)

바벨탑

<바벨탑> 이야기가 있다. 하늘의 문이라 불리 우는 탑으로 구약 성경 창세기에 나오는데 교인이 아니더라도 거의 모든 사람들이 상식적으로 알고 있는 이야기다.

인간들의 패륜이 극심함으로 하나님이 진노하여 큰 홍수를 일으켜 세상을 멸망시킨 후 살아남은 노아의 가족은 크게 번창하였다. 그들은 흩어지지 말고 함께 탑을 쌓아 그 꼭대기가 하늘에 닿게 하여 자기들의 이름을 높이자는데 뜻을 모았다. 불에 구운 단단한 벽돌을 만들고 강한 접착력을 가진 역청을 사용하여 영원히 변하지 않고 후세에 길이 남을 탑을 건설하려 한 것이다. 벽돌 한 장 한 장에는 각자가 섬기는 우상이나 자신의 이름을 새겨 넣었다. 이에 하나님이 크게 노하여 이제까지 사용하던 하나의 말을 혼란시킴으로 서로 말이 통하지 않아서 성 쌓기를 그칠 수밖에 없었고 같은 말을 사용하는 사람끼리 멀리로 흩어졌다는 이야기다.

BC 400년경, 그리스의 역사가 헤라도투스가 기록해 놓은 그 탑은 서로 맞물리는 여덟 개의 층으로 구성되어 있고 위로 오르기 위한 나선형의 길이 있으며 탑 꼭대기의 신전에는 정금으로 만든 12

미터 높이의 바벨로니아 신상이 있다고 했다. 탑의 높이가 90 미터, 밑의 각 면이 90미터라고 하니 지금의 눈으로 보아도 큰 건축물이다.

하나님이 노하셨다. 하나님이 인간처럼 아니, 나처럼 쉽게 흥분하고 쉽게 화내고 쉽게 반응하고 쉽게 후회하지는 않을 것이다. 단순히 탑을 높게 쌓는 것 만으로가 아니라 우리가 보고 아는 사실 외에도 더 많은 요인이 있었을 것이고 인간들이 앞으로 어떻게 진행해 나갈 것인지 까지 다 알고 화를 내셨을 것이다. 하나님 영역의 일이니 더 이상 언급해서는 안 되지만 정말 답답한 것은, 말을 흩어 놓으심으로 오늘의 내가 반 문맹자로서의 어려움을 안고 산다는 것이다.

지구상에서 현재 사용하는 언어는 6700개가 넘는다고 한다. 사투리나 소수의 종족이 사용하는 것까지 합하면 수 만개가 될 것이다. 이 정도면, 하나님이 노하신 정도가 짐작 된다. 철저하고 무섭다.

몇몇 언어학자는 그리스어, 아메리카 원주민어, 한국어, 스페인어에 같은 뜻의 단어가 있음으로 보아 언어가 원래는 하나였다는 논문을 발표했다고 한다. 아무리 오랜 세월이 지났다지만 단어 몇 개 같은 것만으로 그런 의견을 내는 것은 다시 생각해 보아도 억지다. 그것은 역사학자와 언어학자들이 더 연구해야 할 과제 중에 하나이겠지만 그렇다고 이 지구위의 모든 언어가 다시 하나가 되는 일은 없을 것이니 그들만의 연구로 그칠 것이다.

인간의 배신과 과신과 교만은 틈만 나면 불거진다. 하나님이 다시는 물로 세상을 멸하지 않겠다고 약속 하셨는데 높은 탑을 만들어 홍수를 피하려 하였고 흩어져서 생육하고 번성하라 하셨는데 한데 모여들었고 높은 탑으로 세상의 권세를 나타내며 하나님의 권위와 맞서려 하였다. 교만하여 졌고 교만은 배신으로 이어졌다.
　오늘의 시점에서는 과학의 발달이 교만을 부추기는 한 요인이 될 수 있다는 우려가 든다. 과학의 발달은 모든 분야에서 괄목 할 성장을 이끌어 왔고 지식의 폭을 넓고 높게 키워 놓고 있다. 처음 목적과는 달리 악용되는 예도 많이 있지만 인류 발전에 큰 기여를 했고 많은 편의를 제공하고 있는 것도 사실이다. 오히려 그 발전 속도에 놀랄 정도다.
　사람이 날아다닐 수는 없는데도 몇 백 명이 함께 시속 천키로가 넘는 속도로 열 몇 시간을 날 수 있게 되었으며 음속을 넘는 속도의 비행기도 있어서 어떤 새보다도 높고 길고 빠르게 날 수 있게 되었다. 육지에서도 바다에서도 마찬가지다.
　의학계도 예외는 아니어서 유전자 조작으로 모든 생물의 복사가 가능한 단계에 들어서고 있다. 줄기 세포로 난치병과 불치병을 치료하는 정도면 좋겠는데 복제 동물, 복제 인간을 만든다고 하니 분명히 신의 영역을 건드리는 일이다. 과학은 앞으로도 꾸준히 발달해 나갈 것이다. 다만, 이제까지의 모든 과학의 산물과 지식이 하나님이 허락하신 범위 안에서 이루어 졌다는 사실을 잊고 신이 하는 모든 것을 다 할 수 있다며 교만해 지고 있는 것이 문제다.

다시 하는 말이지만, 바벨탑의 높이만으로 하나님이 노하셨을 리는 없다. 현재의 우리 눈으로 보아도 90미터는 높기는 높지만 별 것이 아닌데 하나님의 눈으로는 정말 아무 것도 아닌 높이다.

그러나 다양한 요인을 포함한 높이를 단순 기준으로 삼는다면 바벨탑이 90미터 때 화를 내셨는데 지금 우리는 몇 미터까지 탑을 쌓아 가고 있는 것일까?
30미터?, 88미터?
자못 궁금하다.(*)

동행

 누구와 같이 여행을 해 본 사람은 동행 한 사람의 심성과 행동이 얼마나 중요한 가를 알 것이다. 일터, 동아리, 사회 활동 등 삶의 현장에서 좋든 싫든 사람들을 만나며 살아야 하는데, 좋은 동행자를 자주 만나는 사람을 우리는 흔히 <인복이 많은 사람>이라고 말하기도 한다.

 한국에서 최고 경영자 교육을 받을 때의 일이다. 교육 과정 중에 4박5일 간 기숙사에서 생활하는 프로그램이 있었다. 한 방에 두 사람 씩 배정되었는데 어떤 기준으로 방을 배정하였는지는 모르겠으나 나는 국영기업체 부사장이라는 사람과 방을 같이 쓰게 되었다. 첫 날은 아주 좋게 만났으나 다음부터가 문제였다. 어찌나 트림을 크게 하고 방귀를 자주 뀌는지 기분이 점점 상했다. 늘 그런 것은 아니지만 심할 때 세어보니 1분에 방귀 세 번, 트림 다섯 번이었다. 한 시간이 아니고 일 분이다. 그걸 세고 있었다니 나도 참 한심하다. 넓지도 좁지도 않은 방이지만 께름칙함이 말이 아니었다. 무슨 병이 있는 것이 분명 했다. 게다가 한 번 말을 시작하면 한 시간은 짧다. "아, 그래요" 맞장구 칠 기회도 없을 정도니 그 것도 참 대단한 재주다. 그와 늘 같이 생활하고 있는 가족과 회사 직원들이 딱하게 여겨졌다. 중간에 포기할까도 생각해 보았지만 그와 내 체면이 서지 않는 일이고 기간이 짧고 무엇보다 두고두고 후회가 될 일이기에 지옥 훈련이다 생각하며 닷새를 버티었다. 정말 특이한 체험이고 생각하기도 싫은 동행의 시간이었다.

추위와 사나운 바람, 거센 눈길, 도처에 입을 벌리고 있는 크레파스, 고산병으로 의식이 오락가락 하는 극한 상황에서 밧줄로 서로를 묶고 히말라야와 그와 비등한 높은 산에 오르는 대원들은 동행 정도가 아니라 생명을 같이 하는 핏줄로 서로를 돌볼 것이다.

여행을 좋아 하지만 모든 곳을 가 볼 수는 없고 모든 사람을 다 만날 수는 없기에 여행기를 자주 읽는다. 우선 재미있다. 또 많은 것을 알게 된다. 그들이 직접 부딪치고 맞닥뜨리는 여러 상황에서 생각하고 느끼는 것을 같이 생각하고 느끼며 간접 체험을 하는 중에 같이 동행하고 있다는 생각을 하게 된다.

동행하면 빠트릴 수 없는 것이 있다. 나와의 동행이다. 나와의 동행? 그렇다. 나는 가끔 내가, 내가 아니라는 생각을 할 때가 있다. 혹시 돌지 않았느냐고? 그런가?
가끔은 내가 자랑스럽다. 또 가끔은 내가 싫어질 때가 있다. 후자가 더 많을지도 모른다. 그러나 어쩌랴. 지난날의 경험을 거울로 삼아 좀 더 좋은 길을 걸어 갈 수밖에. 나를 잘 보듬어 안고 동행하며 같이 가야 하지 않겠나.

가족은 또 어떤가? 그들은 나를 좀 멀리하고 싶고 피하고 싶은데 사회적 제약 때문에 어쩔 수 없어서 같이 가고 있는 것은 아닌지.

어디를 가든 한국 사람들은 교회부터 세운다는 말이 있다. EDMONTON에도 한인 교회가 열네 개 있다. 좋은 예배의 장소이고 정보 교환과 사교의 장소다. 직장 알선과 취미 활동을 끼리끼리 하며 가족들끼리도 잘 어울린다. 사람들의 모임이다 보니 여러 가지 일이 있고 때로는 잡음도 들리지만 기본적으로는 예배드리고 이민생활에서 큰 위안을 받는 좋은 곳이다. 한국에서의 교회 생활과 별 다른 점은 없으나 교인들이 불안해하고 조급해 한다는 느낌을 받을 때가 있다. 이민 생활의 절박함이 느껴지는 모습도 많이 보인다.

누군가 한 사람이 옆에 있어주고 도와준다면 큰 힘이 되는 것은 말 할 필요도 없다. 그 때마다 생각하는 것은 우주와 만물을 창조하고 직접 운영하시는 절대자를 믿는다는 교인들이 마음으로도 그렇게 믿고 있는가를 생각하게 된다. "내 이름으로 기도하는 것은 이미 받을 줄로 알라."고 유능한 분이 아니라 전능한 분이 말씀하셨는데 방황하면서 의심하면서 형식적으로 기도하고 있는 듯 보일 때가 있다. 물론 나도 그 범주에서 벗어나지 못한다. 나와 동행하고 싶다는 절대자를 가슴 중앙에 모시고 살아감으로 기쁨 충만한 하루하루가 되기를 바라며 기도드린다.

   검사 생활을 오래한 후배가 한 말이 있다. 많은 범법자들을 만나는데 이런 사람하고 같은 하늘 아래 산다는 것이 끔찍하다는 생각이 드는 범죄자도 있다고 했다. 그리고 보니 탈레반도 아프리카에서 배를 곯는 아이도 한 시대를 같이 사는 동행자라 하면 너무 넓게 잡은 비약인가?

   "외롭다."는 말을 자주 듣는다. 직업상 많은 사람을 만나야 하는 사람이 말했다. 주위에서는 많은 사람을 알고 만나니 외로울 틈이 없겠다고 말하지만 사실은 그렇지 않다는 것이다. 사람 만나는 일로 지치고 피곤하여 평소에는 느낄 틈도 없다가 어느 때 갑자기 외롭다는 생각이 들면 우주의 블랙홀처럼 무엇으로도 채울 수 없는 허탈감과 공허감에 빠져 며칠을 고생한다는 것이다. 누군가 현대인은 혼자 있어서 외로운 것이 아니라 혼자 있을 수 없어서 외롭다고 했다. 심리학자와 인류학자는 이런 현상을 어떻게 설명할지 모르나 진정한 동반자 없이 늘 혼자 걸어가고 있다는 느낌을 많은 사람이 갖고 사는 것은 분명한 것 같다. 사람은 많아도 내가 필요로 할 때는 주위에 아무도 없고 언제나 나 혼자라고 느끼며 사는 것이다.

   20여 년 전에 많이 불리던 가요 〈동행〉의 가사를 찾아보았다.

<누가 나와 같이 함께 울어 줄 사람 있나요
누가 나와 같이 함께 따뜻한 동행이 될까.>(*)

주스 한 잔

가을이 시작된다는 입추가 지나도 더위는 아직 한 여름이더니 아침과 저녁은 선선하다는 느낌이 드는 요즈음이다. 새삼스럽게, 계절의 변화가 신비스럽다는 생각이 든다. 한참 더울 때는 혼자 시도해 보는 심리요법으로 지난 1월, 몸을 동그랗게 만들던 추위를 생각하며 더위를 즐겨 보려 하였지만 느끼는 더위는 어쩔 수가 없었던 여름이다. 지금 그 여름이 떠나고 있다.

내 일터의 옆집은 아이들을 돌보는 DAY CARE다. 맞벌이 부부가 많아서인지 네다섯 살 또래의 아이들이 대부분이다. 어린이라면 통상적으로 여섯 살에서 열세 살을 말함으로 어린이의 범주에도 들지 못하는 아이들이다. 그렇다고 젓 먹이 유아는 아니니까 애칭으로 <꾸러기>라고 할까? 장난꾸러기, 욕심꾸러기, 심술꾸러기… …

요즈음 그 꾸러기들이 하루에 다섯 시간 정도 거리에서 주스를 판다. 일회용 컵 한 잔에 50센트다. 아직은 햇살이 따가운 낮에, 크지도 않은 우산 밑에 주스 통을 놓고 앉아 있는 모습이 안쓰럽기까지 하지만 정작 꾸러기들은 재미있어 하고 즐기는 모습이다. 인도 출신의 원장 아줌마는 여름 교육 과정의 하나라고 했다. 한 명, 두 명 때로는 세 명이 앉아 있을 때도 있다.

 장난기가 발동했다. 이럴 때 꾸러기들과 장난을 안 하면 내가 아니지. 돈은 없고 목이 마르다며 1센트를 내민다. 잠시 망설이는 것은 꾸러기들의 공통된 반응이다. 그리고는 나름대로 결정을 내리는데 그 결정이 재미있다.
 1) 50센트 이하로는 팔수 없다고 거절하는 꾸러기.
 2) 컵 바닥에 겨우 깔리게 주는 꾸러기.
 3) 한 컵 가득 주는 꾸러기.
 4) 선생님에게 물어 본다고 들어가는 꾸러기.
 때로는 주자, 말자, 주기는 주는데 어느 정도 줄 것인가를 저희들끼리 상의도 한다.
 바로 앞에 사람이 지나가는데도 머뭇거리며 말을 하지 못하고 망설이다 기회를 놓치는 꾸러기가 있고 멀리 사람이 보이면 소리쳐 부르는 꾸러기도 있다. 모든 행동 하나하나가 깜찍하고 귀엽다.

 주스는 분말 가루에 물을 탄 것이고 얼음은 아예 안 넣었는지 뜨뜻미지근하다. 지도 교사들이 주스를 만들어 주었겠고 꾸러기들이 주스에 손을 담그는 일은 없겠지만 틈만 나면 장난하고 놀다가 다시 앉기 때문에 꾀죄죄한 손으로 주스를 따르니 전혀 마시고 싶지 않은 것도 사실이다.

　어린 아이들을 상대로 실험을 하다니 지나친 것 아니야? 아니다. 일상적으로 일어 날 수 있는 하나의 상황을 만들고 자연스러운 반응을 보았을 뿐이다. 특정 목표를 정하고 어떤 행동을 은근히 강요하지 않았고 좋건 나쁘건 감정을 건드린 것도 아니니까 실험은 아니다. 아무런 후유증도 없다.

　누구나 인정하듯 그 또래 세계의 모든 아이들은 다 예쁘고 귀여운데 점점 때가 묻어가는 것이 아쉽다. <예쁜 세 살, 미운 일곱 살>은 옛말이 되었고 이제는 <예쁜 두 살, 미운 네 살>이라고 한다. 세상 적으로 영악해 지는 속도가 그만큼 빨라진 것이다. <미친 다섯 살>이라는 말도 들었다.
　놀이 감이 아닌 것이 없으며 뒤끝이 없고 단순하다. 생각하는 것이 순수하니 하는 행동이 순수할 수밖에 없다. 그래서 예수는 어린 아이와 같지 않으면 천국에 들어갈 수 없다고 했고 영국의 시인 워즈워즈는 어린이는 어른의 아버지라고 했던가?

　주스 파는 모습을 보고 있으면 그들의 성격과 앞으로 살아가는 방식이 눈에 띈다. 살아가는 자세와 모습이 서로 다르다는 말이다. 과장하여 말하면 장래의 모습도 보인다. 의사, 경찰이 될 꾸러기가 있다. 엔지니어, 학자, 은행원이 될 꾸러기가 보이고 사업가, 군인,

성직자, 선생이 될 꾸러기도 보인다. 제 할 일은 안하고 유난히 딴 짓을 많이 하면서 실수를 하면 옆의 꾸러기에게 덮어씌우지만 붙임성 있게 사람들을 잘 불러들임을 자랑하며 제일 열심히 일한다고 떠드는 꾸러기도 있다. 틀림없이 정치를 할 것이다.

8월도 중순이 넘었다. 이제 더운 날은 얼마 남지 않았고 곧 더운 것이 그리워 질 것이지만 그래도 아직은 덥다. 더위에 아랑곳하지 않고 더워서 오히려 더 즐거운, 맑은 눈과 앙증맞은 손으로 주스를 파는 꾸러기들이 지금처럼 밝게 살았으면 좋겠다. 사회 분위기가 그들이 밝게 자랄 수 있도록 받쳐 주기를 바란다.

당신이 지금 주스를 팔고 있습니다. 한 잔에 50 센트입니다. 한참 덜 떨어지게 생긴 사람이 1센트를 내밀며 주스를 달라고 합니다.
어떻게 하시겠습니까?(*)

약속

"죽어도 거짓이 없어라."를 동포에게 가르치며 몸소 생활신조로 삼았던 독립 운동가이며 교육자였던 도산 안창호 선생의 이야기다.

윤봉길 의사의 홍구공원 폭탄 사건에 연루되어 일제가, 선생 체포에 혈안이 되어 있을 때 일경은 선생이 한 동포의 어린 딸과 만나기로 약속한 것을 알아내고 그 장소에 매복해 있다가 체포하였다. 체포될 위험이 있음을 알고 주위 사람들이 극구 만류하고 피할 길을 마련하였지만 소녀와의 약속을 지켰던 것이며 그 건으로만 고문과 모욕 속에서 2년 6개월 간 복역하였다.

그렇다. 어기지 않을 것을 서로 다짐하는 것이 약속이다.

어찌 보면 우리는 비중이 크고 작은 차이가 있을 뿐 수많은 약속과 약속 속에서 살고 있다. 약속을 지킨 기쁨도 가져보고 어긴 상대방에게서 크고 작은 실망감을 가져 본 일이 있다.

가장 많이 지키지 않는 약속은 무엇일까? 상황에 따라 다를 수 있기에 어떤 것이 우선이라고 순서를 정할 수는 없으나 아마도 다음의 몇 가지가 대표적이 아닐까?

　정치가들의 약속이다. <꼭 실행하겠다고 엎드려 약속한다.>면서 정말 엎드려 절하던 입후보자들이 당선된 뒤에 하는 행동은 우리가 익히 잘 알고 있기에 구체적으로 말할 필요조차 없다. 이제 국민들은 정치에 신물이 났고 정치가들의 진실성과 신뢰는 외면 당한지 오래다.

　만들어 낸 것이겠지만 이런 얘기가 있다. 어떤 사람이 물에 빠져 익사할 위험에 빠졌을 때 지나던 사람이 구해 주었다. 겨우 살아난 사람이 "나는 국회의원인데 내가 무엇이든지 도와주고 싶다." 하니 구해 준 사람이 "제발 부탁하니 내가 당신을 구해 주었다는 말을 다른 사람에게 절대 하지 말아 달라."고 했단다.

　또 하나는, 애정 문제가 아닐까?
　많은 유행가 가사처럼 연인간의 사랑 얘기는 지키지 못한 약속으로 인한 애틋한 얘기가 많다. 노래 가사에 따르면 사랑할수록 헤어질 수밖에 없으며 그래서 더 아름답다고 세뇌될 정도다. 각자 처한 상황이 다른데다 잘 진행된 사랑의 약속도 많기에 이 정도로 짚고 나 넘어가자.

　또 하나는? 돈과 관계된 약속을 빼 놓을 수 없겠다. <돈이 절대적인 것은 아니지만 돈이 중요한 것은 사실이다.>라는 말에 부인하는 사람은 없을 것이다. 더구나 돈으로 사람을 평가하고 돈이 인격의

척도가 되다시피 한 요즈음에는 돈의 중요함을 더욱 생각하게 한다. 거의 모든 사람이 돈 거래로 마음 상한 적이 있고 더러는 깊은 배신감을 느낀 적이 있었겠지만 살아가는데 돈이 필요하기에 돈과 연관되는 약속은 앞으로도 계속될 것이다.

내가 운영하던 회사는 플라스틱으로 건축 자재를 만드는 공장을 갖은 회사였다. 거래처가 건축회사들이니 결재는 거의 다 3-4개월 어음이었다. 지정한 날에 지불하겠다는 약속인데 부도가 나는 어음도 많아 금전적 부담도 컸고 마음고생도 많았다. 재판에서 이겨 보았자 어음 발행인이 파산하였거나 "배 째라"고 나오면 속수무책이었다.

캐나다 이민 신청을 하고 3년 뒤에야 이민 길에 올랐다. 신체검사 등 모든 과정이 순조롭게 진행되어 신변 정리에 나섰는데 회사를 정리하는 큰 문제가 남았다. 마침 회사의 이사 한명이 자기가 인수하겠는데 돈이 모자란다하여 10%만 받고 나머지는 분할상환하기로 약속 했다. 계속 변명과 사정을 반복하더니 한국에 오면 상환계획서에 변호사 공증을 받아 주겠다는 약속을 받고 한국에 들어갔다. 약속한 날 큰 기대를 갖고 약속 장소에서 기다렸으나 그는 나타나지 않았다. 회사의 주인이 바뀐 것도 그 때 알았다. 그 후 14년이 지난 지금까지 그에게서는 전화 한통이 없다. 돈을 돌려받는다는 사실만 믿고 사업체를 찾아 알버타 주의 곳곳을 돌아다닌 유람객이 되었고 <집에 금송아지>를 갖고 있는 허풍장이가 되었을 뿐이다.

 누구와 가장 많은 약속을 하며 살까? 자주 만나고 가까이 지내는 사이일 텐데 그 중에서도 가족이 아닐까 싶다. 가까우니까 별 부담이나 깊이 생각하지 않았고 그러기에 지키지 않는 약속이 많게 되고 그러기에 가족이 상처를 받은 일도 없는 듯 적지 않게 있을 것이다.

 이런 약속도 있다.
 어느 책에서 읽은 것인데 고아원에 갖 들어 온 네 살 쯤의 사내아이가 손에 붕대를 감고 있어서 원장이 붕대를 벗겨 보니 손등에 상처가 있었다. 역 앞에서 천 원짜리 한 장을 꼭 쥐고 하루 종일 있는 아이를 데려 왔다는 경찰의 말로 미루어 버려진 아이라 생각했다. 약을 바르고 새 붕대를 해 주었는데 다음 날 그 아이가 새로 해 주었던 붕대를 버리고 처음 왔을 때의 꾀죄죄한 붕대를 감고 있어서 "그 더러운 붕대를 하면 손이 낳지 않아."주의를 주었더니 아이는,
 "엄마가 붕대를 감아주며 이렇게 하면 금방 낳는다고 약속 했어요. 엄마가 해 준 붕대를 감고 있으면 다친 것이 다 낳은 것 같아요."

 내가 회사를 운영할 때 거래처 사장 얘기다. 평안북도 선천 출신으로 열두 살 때 피난민에 끼어 혼자 월남한 사람이다. 건축업으로

제법 안정을 찾았으며 정말 성실하게 살고 있었다. 업무를 떠나서도 가끔 만났다. 월남한 사람들이 거의 그렇듯이 그의 깊은 곳에는 가족에 대한 그리움과 고향 마을이 가득 차 있었다. 고등학교 선생님이셨던 그의 아버지는, "내가 너를 지켜 주겠다."는 말씀을 여러 번 하셨고 남으로 떠나는 날에도, "어디에 있든지 너를 지켜주겠다."는 말이 지금껏 큰 힘이 되어 왔다고 했다. 망향의 동산에 자주 가는데 그 때마다 북을 바라보며 반복해서 말한다고 했다.

"다시 만나는 날이 없을지라도 지켜주신다고 하신 약속은 잊지 말아주십시요."

작은 약속이라도 반드시 지키겠다고 다짐을 하는 나도 약속을 어겨 상대에게 불쾌감을 주거나 마음을 다치게 한 일이 없지 않아 있고 나는 나와 약속을 자주하기 때문에 내가 약속을 지키지 않음으로 가장 큰 피해를 본 사람은 바로 나일 것이다.

지금까지 내가 약속을 하고 제대로 지킨 것은 몇 퍼센트가 될까? 앞으로는?(*)

십 팔 불출(十八不出)

우연히 여섯 명이 모여 앉았다. 약속하고 만난 모임이 아니니 얘기의 주제가 있을 리 없는데, 이런 모임이 늘 그렇듯이 날씨 얘기를 시작으로 자연히 한담으로 이어졌다. 평소에 별로 말이 없던 사람이 오늘 아침에 있었던 일이라며 자기 아내 흉을 보았다. 오늘은 그런 얘기를 하려고 일부러 작정하고 모인 것처럼 기다렸다는 듯 다른 사람의 말을 막아가면서까지 자기 아내 얘기에, 들은 얘기에 친구 부인, 며느리 얘기까지 자신들 주위에 있는 여인들을 도마 위에 올리며 험담은 맹렬하게 다 올랐다. 자기 아내를 흉보는 사람은 생각보다 많이 보았다. 유행가 가사처럼 돌아서면 남이 되는 영원한 무촌이기 때문인 모양이다.

웃음 반, 한숨 반의 얘기는 오래도록 이어졌다.
아침에 눈을 뜨며 하는 첫마디가 <아 피곤하다.>란다. 체질상 하루에 12 시간 이상을 누워 있어야 하는 여자도 있었는데 20년 이상 한결 같다고 한다. 신문은 고사하고 책 읽는 것을 본 적이 없단다. 출근할 때와 집에 돌아 왔을 때 인사는커녕 쳐다보지도 않는 여자도 있었다. 바느질 하는 것을 본 일이 없는 여자가 12불에 산 막 입는 바지를 27불 주고 바지 길이를 줄여오더라고 흥분하였다. 음식 만드는 것을 싫어하고 적당히 흉내만 내는데 된장찌개에는 두부와 고추가 들어가야 하지 않느냐고 물으면 그렇게 잘 알면 직접 만들든지 사 먹으면 되지 않느냐고 받는단다. 어느 모임이든 지각하는 것이 습관화 된 여자는 매번 미안하고 부끄럽다고 고개를 숙이고 들어가면서도 그 버릇을 고치지 못한단다. 집의 모든 일을 장악하고 주도해야 하는 여자도 있었다. 집을 나갈 때 무슨 일로 누구와 만나는 것을 알려 주어야 하고 전화도 꼭 본인 앞에서 해야 한다니 감옥이 따로 없다. 챙기지 못하는 여자도 있었다. 안경, 열쇠는 온 가족이 찾아 헤매는 일상사가 되었고 청구서를 챙기지 않아 늘 연체료를 물고 있다는 얘기인데 평생의 반은 무엇을 찾는데 소비하고 있다고 했다. 누구를 칭찬하는 것을 본 일이 없고 누구 얘기가 나오면 무조건 흉을 보고 욕을 하는 여자도 있었다.

"싫어, 안돼, 하지 마."를 입에 달고 다니는 여자 얘기에 누가 집에 오는 것을 싫어해서 문 밖에서 돌려보내는 일은 예사이고 혹 가다 집에 들어오면 노골적으로 싫은 내색을 하여 무안해서 돌아가게 한다고 한다. 방귀 소리는 대포고 트림은 용트림이며 하품은 사자의 포효가 저리 가란다. 남편이 밥을 먹고 있는데 옆의 소파에 누워 있는 여자도 있었고 식탁 의자에 기대앉아 두 발을 식탁 위에 올려놓는 여자도 있었다. 비록 일부에 국한되지만 술, 담배, 도박, 마약,

절도, 쇼핑, 아이 거부, 사회 문제가 된지 오래다. 그런데 조용하고 화목하게 사는 듯한 가정의 주부들에게도 적지 않은 문제가 있음을 알게 되어 씁쓸한 기분이 들었다.

이런 우스개 얘기까지 있다.
무덤에 꽃을 갖다 놓고 돌아가는데 한 남자가 건너편 묘소 앞에 무릎을 꿇고 울고 있는 모습이 보였다. 그 남자는 깊은 오열 끝에 "왜 죽었어요, 왜?" 라는 소리만 반복하여 허공에 외치고 있었다. 너무나 측은한 생각에 그 남자에게 다가가 말을 걸었다.
"방해할 생각은 없지만 그토록 오열하시는 걸 보니 가까운 분 같은데 부인이신가요? 아니면 부모님이신가요?"
그러자 남자가 잠시 몸을 추스르며 대답했다. :
"아내의 전 남편입니다."

팔불출이라는 말이 있다.
저 잘 났다고 뽐내는 사람을 시작으로,
아내 자랑
자식 자랑
선조와 아비 자랑
형제 자랑
어느 학교, 누구 후배라는 자랑
태어난 고장 자랑이다.

팔불출이라, 여덟 가지가 있는 줄로 아는데 일곱 가지다. 팔불출이란 팔불취의 동의어로 달이 차기 전에 나왔다는, 꽉 차지 않은, 어딘가 빈 곳이 많은 덜 떨어진 사람이라는 말이 되고 팔삭 동이란 말로 자주 사용한다.

장소와 때를 가리지 않고 자기 자랑을 하는 사람은 경망스러워 보이고 중심이 없어 보인다. 아무도 알아주지 않으니까 오죽하면 내 입으로 내 자랑을 하나를 생각하면 측은한 생각마저 든다.

팔불출에 해당하는 자랑을 하는 것도 딱하지만 자기 가족 흉보는 사람도 딱하기는 마찬가지다. 그런 사람은 십 팔불출이라 한다나? 팔불출 못지않게 십 팔불출을 보는 마음도 편안한 것은 아니다.

간 큰 남자 애기가 있다. 젊었을 때는 매일 늦게 들어와서 속을 썩이더니 이제 안 들어 와도 좋을 나이가 되니까 아내가 황혼이혼 서류를 작성해 놓고 망설이고 있는 것도 모르고 옛날 생각만하며 하루 종일 집에 앉아 세끼를 다 찾아 먹으며 간식까지 챙긴다 하여 삼식(三食)이, 이식이, 일식이, 간나 새끼라는 별명을 붙이며 간이 부은 남자라고 여자들끼리 흉을 본다고 한다.

여자의 권한이 많이 성장하였다. 부뚜막에 엎드려 군불 연기를 핑계 삼아 울던 여인 애기는 고전이 된지 오래고 그런 세대도 지났다. 그러나 남편과 자식들에게 이기고 집안을 장악해서 얻는 것은 무엇인가? 여권 신장은 좋은 일이지만 그에 따른 책임이 있다는 것도 알아야 할 것이다. 처신에 문제가 있어 손가락질 받든지, 남편이나 다른 사람들로 부터 같은 일로 주의할 것을 연거푸 지적 받는다면 여권 신장을 잘 못 해석한 것이 되며 자존심이 없는 여자로 낙인찍히고 말 것이다. 조선시대 여인이라는 비아냥거림을 들을망정 가족들을 희생과 배려와 감사한 마음으로 섬겨, 진정한 존경을 받는 여인을 바라는 것은 내가 남자이기 때문인가?

<너희가 대접을 받고자 하는 대로 너희도 남을 대접하라.>는 말씀이 성경에 있다. 말씀 중에 말씀이라 하여 <황금률>이라고 한다. 종교를 떠나 모든 사람이 기억해야할 말이며, 몸에 배어 실천한다면 좋은 세상이 될 것이다. 먹고 사는 일이 버거워 범죄에 연관되는 사람도 있지만 대부분의 본성은 바르고 착하다.

내가 하고 싶은 자랑을 옆 사람이 대신 해 주고 가족과 이웃을 흐뭇한 마음으로 바라보는 그런 세상이 되었으면 좋겠다.
정말 그런 세상에서 살아 보고 싶다.(*)

노예

노예는 말 그대로 노예다.

주인의 지배 밑에서 재산이나 가축처럼 취급되었다. 말 할 줄 알고 일 할 줄 아는 다른 동물이었다. 보호해줄 울타리가 전혀 없어서 때리고 고문하고 죽여도 큰 죄가 되지 않았다. 어둡고 완전한 절망 속에서 태어나 고통 슬픔 분노 좌절 속에서 살다가 어둡고 완전한 절망 속에서 죽었다. 근세인 조선의 예를 보아도 사소한 실수로 매를 맞는 아버지를 보는 아들이 있었고 팔려가는 아들을 보는 아버지도 있었다.

BC1760년 함무라비 법전과 고조선의 법에도 노예에 관한 법령이 있으니 그 뿌리는 깊고 넓다. 노예가 관한 최초의 기록은, 구약성경 창세기에 아브람이 번제 드리러 갈 때 필요한 물건을 하인이 나귀에 싣고 가는 대목일 것이다. 당시의 노예는 인종 차별에서 온 것이 아니고 하나의 직업이었는지는 몰라도 하나님이 노예제도를 권고하지는 않았지만 묵인한 것에 대해 나는 아직 개인적으로 의문을 갖고 있다.

노예가 되는 것은 국가나 왕에 반역하였거나 전쟁 포로, 납치, 형벌, 채무를 갚지 못했다든지 대물림, 주인이 팔아넘긴 경우인데 관직을 가질 수 없었으며 종교 지도자, 정치에 관여할 수 없었음은 물론이다.

우리의 역사 기록을 보면 노예부대가 있었다. 상설 부대로 있었던 것은 아니고 외국의 침략을 받았을 때 급조해서 만들어낸 조직인데 활약은 컸다. 잔인할 정도로 용맹하여 적에게 두려움을 주고 큰 전과를 올리기도 했다. 희망이 전혀 보이지 않는 자포자기의 심정과 전과를 올리면 노예에서 해방될 수 있었기에 열심히 싸운 면도 있지만 힘 앞에 굴절되었던 약자의 잔인함이 표출된 면도 있었다. 칼과 돈과 힘과 제도 앞에 무릎 꿇어 온 응어리가 잔인함과 용맹으로 나타 난 것이며 국가도 그런 점을 이용했다고 본다. 노예는 제일 하급의 지휘관도 될 수 없었다. 사회적 인식이 노예가 지휘관이 되는 것을 허용하지도 않았지만 주인 밑에서 시키는 일만 하던 관행이 체질화 되어 스스로 생각하고 결정하는 것에 서툴렀고 몰랐기 때문이다.

현대는 국제조약이나 법률로 노예제도를 공식적으로는 폐지하였는데 현실은 그와 거리가 멀다. 힘이 있는 자와 없는 자, 돈이 있는 자와 없는 자 억압자와 피억압자의 관계는 주인과 노예관계로 고착되기도 한다.

지금도 세계 곳곳에는 노예가 엄연히 존재하고 있다. 농장, 광산, 벌채 등 노동력이 필요한 곳 외에도 여러 분야에, 철저한 감시 속에서 무지 많은 인간들이 노예로 묶여 있다. 세계연감에는 그 숫자가 1200만 명이라고 하는데 좀 더 살펴보면 그 수의 열 배는 훨씬 넘을 것이다.

<선택할 수 있는 것이 많거나 선택할 수 있는 삶이 가능한 사회>를 기준으로 삼으면 북한을 비롯한 몇몇 나라도 하나의 노예사회다. 죽음을 각오하고 탈출한 사람들의 얘기를 들으면 일반적인 노예가 부러울 정도의 생활을 하고 있음에 소름이 돋는다.

평범한 일상생활에서도 노예근성의 예는 많이 볼 수 있다. 일본이 다른 나라의 구속을 받은 일은 없다. 그러나 자체 안에서 힘 있는 세력의 눈치를 보며 살던 역사는 길었다. 여자를 무시하고 하인으로 취급한 것도 하나의 예다. 무릎 꿇고 남편을 섬기는 히자마츠리는 많이 사라졌지만 요즈음도 아내는 오토(夫)라는 대등한 말이 있음에도 남편을 아나타(당신) 또는 슈진(주인)으로 부르는 반면 대부분의 남편은 아내를 오마에(너)라 부른다. 옆에서 보는 눈이 있어서 억지 순종을 가장하다가 정년퇴직할 때 퇴직금이 나오는 시점을 기다려 재산을 반분하고 독립하는 황혼 이혼이 늘어나는 경향을 보며 일종의 노예반란이라는 생각을 하게 된다.

여러 민족이 모인 캐나다에 살면서 어느 민족의 어떤 풍습이 눈에 거슬린다는 말을 해서는 안 되지만 특이한 것은 있다. 여름 날 온 몸을 <히잡>으로 뒤집어쓰고 다니는 중동 여자들을 보면 내 온 몸에 땀이 솟는 기분이다. 유대인의 경우, 우리의 일요일 격인 안식일은 거룩한 날이라 하여 다른 날과 다른 별도의 생활규범이 있다. 예를 들면, 세수하는 방법, 대변보는 방법, 손을 머리 위로 몇 센티 이상 올려서는 안 된다는 등으로 안식일에 지켜야 하는 규범만 200개가 넘는다니 보편적이 아니며 부풀려 말 하면 관습의 노예다.

애서 자료를 찾아 볼 것도 없이 듣고 본 것만으로도 노름에 빠져 모든 재산을 탕진하고 재기 불능으로 전락한 사람의 예는 많이 있다. 도박, 마약, 술, 사행성의 노예가 되어 제 구실을 못함은 고사하고 범죄 등 사회질서를 해치는 행위가 큰 사회적 문제로 대두되기도 한다.

인터넷과 스마트 폰이 이제는 현대 생활을 하는데 없어서는 안 되는 도구가 되었다. 그 기능도 다양하여 활용 범위도 넓다. 그것으로 생활의 편의를 찾고 필요한 정보를 얻는 것에 그치지 않고 지나치게 몰두하여 집 밖으로 나오지 않고 사회활동을 단절하고 사는 예도 보도를 통해 알고 있다. 3개월 이상 학업과 취업 등 사회에 참여 하지 않고 집 안에만 머무는 부류가 많아져서 <은둔형 외톨이>라는 용어까지 생겼다. 이들이 돌변하여 자기 과시라도 하듯 <묻지마 범죄>를 일으키기도 한다. 이 정도까지 가면 분명히 현대 정보기기의 노예다.

한국에 있을 때 다니는 교회의 야외예배에 참석하지 않고 가까운 교회에 간 일이 있다. 목사님이 설교를 시작하며 "이 중에 교회에

간다는 이유로 가족에게 아침 식사를 주지 않고 온 주부가 있으면 지금 당장 집으로 돌아가십시오. 예수 핑계대고 가정을 천국으로 만들지 못하는 주부는 교회에 나올 자격이 없습니다."하였다. 시대에 뒤 떨어진 말이라고 흠집 잡은 교인이 있었는지는 몰라도 나에게는 근사한 말로 들리고 멋쟁이 목사로 보였다.

연관 된 예가 있다. 청소년 상담자로 오래도록 일하던 사람의 얘기를 들었다. 중2 남학생이 상담을 신청 했다. 그 애 어머니는 한 번에 한두 달 걸리는 해외선교를 자주 나가는데 집에 머무는 날은 1년에 다 합쳐 세 달도 안 되지만 그 기간도 다음 선교를 준비하는 시간이고 집안일에 전혀 관심을 갖지 않으니 어쩌면 좋으냐고 물을 때 교회 장로의 입장에서 무척 고민하였다고 했다. 선교는 물론 좋은 일이다. 교회 뿐 아니라 어느 단체에 정성을 다 하는 것과 일이나 공부에 몰입하는 것은 권장할 일임에 틀림없으나 그것도 지나치면 독이 되고 그것의 노예가 될 수 있다. 노예 생활에 물들게 되면 그 생활에 만족해하며 자신의 발목을 묶고 있는 쇠사슬이 얼마나 반짝이는가를 다른 노예와 비교하고 자랑하며 즐기게 된다고 한다.

내가 취미라며 특기라며 하늘이 주신 복이라며 주장하고 고집하고 자랑하는 그 무엇이 다른 사람의 눈으로 보면 그것에 노예가 되어 있는지도 모른다.

한 사람을 노예로 만드는 것이 무엇이고 또 무엇이 인간을 자유인으로 서게 하는가? 나는 진정 자유인인가?(*)

말(言語)

내가 좋아하는 가요 중에 <솔개>가 있다.
<우리는 말 안하고 살수가 없나. 나르는 솔개처럼~>
그렇다. 말을 안 하고 살 수는 없다. 말을 하지 못하는 분들도 수화로 뜻을 전한다. 자신의 생각을 주고받을 수 있다는 것은 조물주가 주신 큰 축복 중에 하나다.

자동통역기가 있어서 일부에서는 활용한다고 들었다. 그러나 말의 강약과 음의 고저에 따라 뜻의 전달이 달라지는 것에 문제가 있을 것이다. <발그스름하다>, <파르라니>, <낭창낭창>, <노리끼리> 같은 말은 잘 통역했다 해도 본래의 느낌을 그대로 전달하지는 못할 것이다. <밤과 밤>, <말, 말, 말> 등 발음을 길고 짧게 함과 앞뒤 연결되는 말에 따라 전혀 다른 말도 있으니 통역이 만만한 것은 아니다.

상황에 따라 같은 말도 다른 느낌을 갖게 하는데 <철이 든다.>는 말은, 한여름, 한겨울 등 그 계절이 한창일 때 제 철에 들어섰다는 말에서 유래되었다니 가을로 치면 10월 초 쯤이 될 것이다. 요즈음은 어린이 티를 벗어나서 세상 이치를 알고 생각과 말을 하는 때를 말한다.

　어느 부부가 중학생 아들과 바닷가로 피서 갔다. 비키니 수영복을 입은 아가씨가 지나가니 아들이 "와아!" 낮게 감탄 했다. 아내는 대견스럽다는 표정을 지으며 남편에게 속삭였다. "저 녀석 이제 철들었네!" 잠시 후 어떤 아가씨가 몸매를 뽐내며 지나가니 남편은 무심결에 "와우!"했다. 아내는 험악한 표정을 지으며 "당신 언제 철들 거유." 혀를 끌끌 찼단다.

　한국말밖에 모르는 82세의 할아버지 한 분이 단체여행도 아니고 혼자서 두 달 간 여덟 개 나라를 다녀왔다. 주위의 사람들이 "불편하지 않았느냐?" 물으니 "나는 괜찮았는데 나를 만나는 모든 사람이 불편해 하데."하더라나?
　사실 현지어 몇 마디만 알고 안내 책을 들고 다니면 관광지 위주의 단순 여행은 가능하다. 나는 말이 통하지 않을 때는 한국말을 하고 다녔다. 몸짓과 눈치로 다 통했다.
　바벨탑 사건 이후 의사소통이 되지 않아 겪는 불편은 한국을 떠나 있는 누구나 경험한 어려움이다. 외교관이 아닌 이상, 뜻이라도 서로 통하기 위해 자동통역기가 많이 개선되고 빨리 실용화 되고 보편화 되었으면 좋겠다.

　말을 많이 해서 후회한 날이 있었고 말을 너무 안 하든지 해야 할 말을 하지 않아서 후회한 날이 있다. <말 한마디로 천 냥 빚을 갚는

다.>는 말이 있고 <말로서 말 많으니 말 많을까 하노라.>라는 시조도 있으니 말로 인한 사연이 많고 많음은 옛날이나 지금이 나다. 어느 시인은 <말이 있어서 인간들은 외롭다.>고 했다.

역사 기록을 보면 말 한 마디 때문에 죽을 사람이 살고 살 사람이 죽은 예는 셀 수 없을 정도로 많다. 그렇다면 말을 적당히 한다는 것은 어느 정도를 말하나? <침묵은 금이다.>라는 말이 요즈음은 현실도피나 용기 없고 소심함으로 치부되니 그도 정답은 아니다. 누구는, 해도 되고 안 해도 되는 말은 하지 않는 것이라 했다. 대체로 수긍이 가는 말이다.

말이 통하는 상대를 만나면 반갑다. 나는 개를 키웠는데 참 잘 따랐다. 혹 가다 잘못 다루면 잠시 앓는 소리를 낼 뿐 금방 꼬리를 흔들며 안긴다. 배반하지도 않고 한결 같다. 그러나 알아듣는 말은 겨우 여섯 마디다. 무슨 문제를 상의한 적도 없고 "다음 대통령은 누가 될 것 같으냐?"는 물어 볼 생각조차 하지 않았다. 살아가며 말이 통하는 부부, 친구, 사회를 만나는 것은 커다란 축복이다.

호남 분에게서 들었다. 호남에서는 <거시기>라는 구체적이 아닌 애매한 말을 자주 사용하는데 "어째 쪼까 거시기하다."하면 별로 마음에 들지 않는다가 되며 어떤 일을 하면서 옆 사람에게 "거시기 가져 와."하면 거의 맞는 물건을 가져 온다고 한다. 말을 제대로 못 알아듣고 엉뚱한 대답을 하거나 황당한 짓을 하는 것을 보며 가슴 친 일이 있을 것이다. 말귀를 못 알아들은 것이다.

<말의 업>이라는 말도 있다. 쉽게 풀이하면, 말로 남에게 상처를

입히면 그 상처가 나에게 두 배 이상 돌아오니 스스로를 위해서도 그러면 안 된다는 약간 불교적이고 조금은 철학적인 말이다.

무심코 한 말이 상대를 절망의 나락으로 떨어트릴 수가 있고 상대를 절망의 나락에서 끌어 올릴 수가 있다. 전혀 근거 없는 소문이나 꾸며 낸 말과 댓글로 상대를 힘들게 하고 때로는 견디다 못해 자살하는 사람도 있다. 주로 성형을 했느니 과거에 무슨 치정이 있었느니 하는 수준인데 세상에서 제일 쓸모없는 걱정을 하는, 세상에서 제일 한심한 사람이라는 생각을 지울 수가 없다. 짚고 넘어갈 것은 지나치지 말되 비난이 아니라 비판하는 사회가 되기를 바라게 된다.

말투라는 것이 있다. 내가 아는 한사람은 말투가 퉁명스럽다. 특히 전화를 받을 때는 자는 사람을 깨웠거나 한창 애정행위를 할 때 방해한 것처럼 퉁명스러운데 실제는 그렇게 순박하고 성실한 사람은 찾기도 어렵다. 몇 번 충고를 했는데도 고치지 못 하는 것을 보며 천성은 어쩔 수 없다는 생각과 함께 많은 오해를 받고 많은 손해를 보며 살 것이라는 생각을 지울 수 없다.

말주변이 좋은 사람도 있다. 같은 말도 재미있고 실감나게 하는 것을 보면 부럽기까지 하다. 그 중에는 말 바꾸기를 자주하고 임기응변에 능한 사람도 있는데 그런 사람은 사기꾼이지 말 주변이 좋은 사람은 결코 아니다.

<말이 씨가 된다.>든지 <좋은 말이 좋은 인생을 만든다.>는 말은 일상에서 자주 듣는 말이다. 좋은 말을 하고 좋은 미래를 구체적으

로 계속 마음에 그려가며 살면 좋은 일이 반드시 따라온다는 심리학자들의 말을 떠나서라도 나 자신과 내가 듣고 본 것만으로도 말하는 대로 삶이 달라진다는 말에 쉽게 동의 하게 된다. 습관적으로 저주하는 말과 험한 말을 입에 달고 사는 사람들은 빨리 느껴야 할 것이다.

한국에 있을 때 정부에서 주관하는 교육연수를 일주일 받고 온 교사의 말을 들었다. 이름이 잘 알려진 강사 한 명이, "부모와 선생에게서 듣는 말의 80 퍼센트는 무엇을 하지 말라는 복종교육이니 부모와 선생 말을 듣지 말고 옳은 말을 하고 그 말대로 사는 사람의 말을 듣도록 가르치라." 했다며 분개 했다. <하지 말라>는 말을 많이 하는 현실교육은 인정하지만 참 책임 없고 위험하기까지 한 말이다.

"옳은 말을 하고 그대로 사는 사람? 누구지?"

"거짓 없고, 남을 높이고, 힘을 넣어주고, 화합시키고, 사랑이 넘치고, 미래지향적인 말을 하는 사람이 아닐까?"

"그런 사람이 있나? 세상 살기를 포기한 사람이 아니면 예수지!"

말을 핑계로 많은 말을 하였다.
말,
참 어렵다!(*)

4부
이(李) 삿갓 방랑 잡기(放浪雜記)

이(李) 삿갓 방랑 잡기(放浪雜記)
그 첫 번 째

월백 설백 천지 백 (月白 雪白 天地白)
산심 야심 객 수심 (山深 夜深 客愁深)
달이 희고 눈도 희고 천지가 다 하얀데
산은 깊고 밤도 깊고 나그네의 시름 또한 깊구나

김삿갓의 시다.
알려진 대로 김병연은 삿갓으로 하늘을 가리고 툭툭 털며 나섰지만 먹고 입고 자는 일에 아무 대책도 없이 하고 한 날 떠돌았으니 <구름에 달 가듯이> 가는 날도 있었겠지만 때로는 서글픈 날도 있었고 때로는 몹시 피곤한 날도 있었을 것이다.
모든 것을 벗어 던지고 사회와 시대를 풍자하고 조롱하며 남긴 그의 행적과 재치 있고 빼어 난 시들은 그에게 존경심을 갖지 않을 수 없게 한다. 한 마디로 그의 큰 가슴에게는 반도가 너무 좁았다. 김삿갓께 시 한 수를 바치며 나는 주섬주섬 외출 준비를 한다.

김삿갓
시 하나 구름 하나 시하나 마음 하나
시 하나 시름 하나 시 하나 술 잔 하나
시 하나 허허 웃음 하나 시 하나에 긴 한숨

감탄과 정을 줌이 실증 날 때 있겠건만
봄꽃과 가을비에 잠 못 이룸 병이런가
보름 달 저리 밝으니 오늘밤은 어쩌나.

뚜렷한 이유나 명분 없이 이 넓은 캐나다 땅에서 왜 하필 에드몬톤에 정착했느냐고 물으면 대답이 궁하다. 그러나 지내고 보니 어언 14년이 흘렀다.

에드몬튼
사방을 둘러봐도 그 어디나 지평선
하늘은 높다랗고 마음은 넓어지니
막히고 괴로울 때는 시름 안고 오시오

북극의 초입이라 겨울 제법 매서운데
눈 속에 묻힌 반 년 고요하고 정겨우니
지치고 피곤할 때는 짜증 안고 오시오.

시내에서 10분만 나가면 사방이 지평선이다. 한국에서 지평선을 본 적 없던 나는 자주 지평선 한 복판에 서 있기를 즐긴다. 웃기는 애기인데 지금은. 아주 가끔이지만 거칠 것 없이 넓기만 한 지평선이 오히려 답답하다고 생각될 때가 있다.

노을 녘
청산도 아니 뵈고 냇물 소리 없는 들녘
이름 모를 들꽃들은 저녁놀에 더욱 붉고
무심한 내 그림자는 노을빛에 혼자다

전쟁 기념 공원에 들어선다. 세계 1, 2차 대전과 6.25 때 전사한 군인들의 이름이 전쟁별로 구분되어 비석에 새겨 있다. 총을 든 사연이야 각자 다르겠지만 젊은 나이에 고향 땅을 다시 밟지 못하고 쓰러진 영령들 앞에 서니 숙연해 지지 않을 수 없다.

나는 6.25의 한 부분을 보았다. 학교 운동장이든 공터에서는 매일 인민재판이 열렸다. 매 번 박수로 끝난 뒤에는 누군가가 묶인 채로 어디로 끌려갔다. 아이들에게 붉은 천을 주고는 동네를 뛰어 다니게 했다. 여섯 살 난 사내아이에게는 모든 것이 구경거리고 모든 것이 재미있었다. 집에 와서 붉은 천을 흔들며 밖에서 배운 구호를 외치면 부모님의 표정이 왜 굳어지는지, 자는 동안 붉은 천을 왜 감추셨는지 당시에는 알지 못했다.

많은 시체를 보았고 가족들이 오열 하는 그 집 담벼락에 두 손을 벽에 대고 꿇어앉은 그 집 아들 뒤에서 총을 쏘는 군인들도 보았다.

불과 몇 년 전에는 해방 된 기쁨에 서로 얼싸 안고 기뻐했던 사람들이다. 북쪽 사람들이 만든 세상이 김 씨 왕국인데 사상과 이념을 떠나, 배가 고파 굶어 죽는 자식을 보는 사회를 옹호 하면서 직접 간접으로 그들이 바라는 대로 사회를 혼란시키는 사람들을 보면 마음이 가볍지가 않다.

인민군 치하에서 석 달을 보낸 부모님은 전선이 밀지자 급히 피난길에 나선다. 소위 1.4 후퇴다.

대구로 갔다. 그 곳에서 초등학교에 입학 했다.

피난시절
보자기 책가방을 허리에서 풀어놓고
천막 안 교실에서 동요를 부르다가
한 손은 파리 쫓으며 구구단도 외웠지

남폿불 걸어놓고 졸린 눈 비벼가며
손가락에 침을 묻혀 틀린 글자 지울 적에
"메밀묵" 외치는 소리 먼 곳에서 들렸지

지난날은 아름답다. 그 때 그 때 괴롭고 기쁘지 않은 일이 있었어도 지나놓고 보면, 지난날 특히 어린 시절은 아름답다. 지난날들이 아름답기를 바라는 마음이 있기에 그럴지도 모른다.

그 해 여름
장독대 감아 돌던 봉숭아 꽃 채송화
석류가 익어가던 낮은 돌담 위로는
새끼 줄 빙그르 돌며 나팔꽃이 피었지.

잠자리 매미 잡다 땀에 절어 돌아오면
다듬이 방망 소리 춤추며 나르는데
라이락 그늘 아래는 누렁이가 졸았지

호박잎에 된장 넣어 아구아구 먹은 뒤에
들 쑥 향 피워놓은 평상에 누울 때면
내 이름 그대로 붙인 별이 영롱했었지

이민 비행기에서 내렸다. 14년 전 일이다. 두고 온 많은 것들이 뭉개 뭉개 피어오를 때가 있다. 연어를 본다.

연어
본능이라 이르기엔 너무도 벅찬 감동
그 여린 몸짓으로 태평양을 건너다니
알 낳고 죽는 모습에 더욱 숙연해지네.

구름 딛고 날아 와서 먼 곳을 바라보니
그리움 한 다발에 아쉬움 또 한 다발
언젠가 다시 돌아 갈 태평양 끝 내 조국.

문득, 외롭다는 느낌이 들 때가 있다. 특히 밤 두 시경에 깨어 뒤척이다가 창문 밖으로 비가 내리거나 눈이 쌓이는 것을 보면 지구에 혼자 남은 듯 뭉클 주저앉을 것 같은 허전함을 느낀다. 어설픈 철학자가 되기도 한다

<u>밤 비</u>
빗소리에 잠이 깨어 한 밤을 새우는데
가로등의 빗줄기는 온 몸을 적시누나
한 밤에 내리는 비는 가슴으로 흐르네

<u>인생</u>
초생 달 반달 되어 보름달 또 그믐달
채우고 스러짐이 하늘의 뜻이라면
언젠가 나그네 하나 꿈 그리다 가겠지(*)

이(李) 삿갓 방랑 잡기(放浪雜記)
그 두 번 째

가로등도 없는 캄캄한 길을 달린다. 안내를 맡은 토박이 최 형은 오늘 같이 구름이 조금 낀 날이 해돋이 구경에 제격이니 날을 잘 잡았다고 자화자찬이다. 소문난 잔치에 먹을 것이 없더라고 웃어넘기며 해돋이에 기대하는 마음을 스스로 달랜다. 그 후 얼마 동안은 나도 모른다. 최 형이 여러 번 말을 걸었으나 아무 반응이 없더란다. 나는 넋이 나가 있었다.

<u>해돋이</u>
삿갓도 금강산을 일필로 못했는데
이 장엄 이 감동을 필부가 어찌하랴
맥 놓고 허허허 웃다 다시 한 번 울 밖에

흑암과 혼돈에서 천지를 만드실 때
보시기에 좋았다니 흠집이 있을 없고
먼 훗날 피조물 하나 넋을 잃음 당연치

우주의 장엄함이 해돋이만 아니리니
하이든의 천지창조 그리다 만 것 일세
누군가 물을라치면 본 적 없다 하리라.

에드몬톤의 바람은 거세다. 막힌 것 없는 벌판이라 그런지 세게 또 자주 분다. 그런데 오늘 부는 바람은 부드럽고 잔잔하다. <나무꾼 이마에 흐르는 땀을 씻어 주던>바람이 이런 바람일 것이다.

바람
온 곳이 없으니 갈 곳도 없음이라
웃음 속에 앉아보고 백발 위에 쉬었다가
나뭇잎 흔들다 말고 들판으로 달린다

평일 여름 오후에 공원 벤치에 앉으면 만사가 평안하다. 지구 여러 곳이 시끄럽기에 이 공원은 이리 조용한가 보다. 모두 조용하고 모든 것이 없다. 나도 어느 새 없어졌다.

오후
구름도 졸리운지 저만치에 멈췄는데
소리만 남기고 새들이 숨은 들녘
아이는 저 혼자 서서 꼬리 연을 날린다.

신문을 보니 아현 고가도로가 철거 된다고 한다. 내가 태어나서 오래도록 살던 집은 그 고가도로가 내려다보이는 고가도로 곁에 있었다. 서대문 구청은 담을 같이한 옆집이었고 직선거리로 100 미터에 프랑스 대사관이 있는 동네 이름은 <합동>이었다. 고가도로 공사가 당시에는 큰 토목공사였는데 구청 앞에 있던 큰 고목나무는 그 때 배어 없어졌다. 어린 날, 그 나무 주위를 뛰어 다니던 모습이 아련히 떠오른다. 황토길, 고목, 다 옛날이다.

해나무
오백 살 느티나무 <해 나무>라 불렸지
가지마다 꿈 실으며 여린뼈가 굵었는데
<합동>에 가시거들랑 안부 전해 주시오

산악회를 따라 가는 등산과 별도로 나는 한 해에 세 번 정도 혼자 차로 록키에 들어간다. Calgary에서 Banff, Jasper를 거쳐 오든지 그 반대 방향으로 1번과 93번 도로를 타고 흐르는 여행이다. 중간에 폭포가 두 개 있다. 일반 폭포에 비해서는 규모가 작지만 바위를 깎아낸 흔적 등 많은 것을 가르쳐 주는 폭포다. 어느 날 Atabaska 폭포에 들어서니 중년 남자가 캔버스에 백지를 놓고 폭포를 보고 있었다. 중간 중간 오가며 보아도 백지 그대로다. 폭포 자체와 그 의미를 아직 옮기지 못하고 있는 또 한 명의 나를 보았다.

폭포
옛 시인 가슴 앓다 두고 간 폭포 앞에
백발의 화가 한 명 백지만 놓고 있네
터질듯 답답한 마음 나만 알고 가려오

잠시 차에서 내려 산길에 들어선다. 저 편에 조그마한 꽃이 있기에 다가간다. 깨끗하고 청아하다

　들 꽃
햇살도 숨죽이며 고요히 머문 곳에
시리도록 맑은 자태 뉘를 그려 피었는가
애달픈 전설을 안고 홀로 있다 가려나.

캐나다에서 혼자 다니다 보면 무언가 아쉬움이 있다. 우선 원두막이 없다. 만나는 사람들도 "Hi" 하고 지날 뿐이다. 한국에서 유명산에 다녀오던 날 원두막에서 잠시 만났던 길동무가 "어이" 환하게 웃으며 달려 올 것 같다.

　길동무
좋은 차 있다기에 같이 마셨고
비 내리는 들판을 같이 보았지

어디로 가느냐고 물으렸더니
밀짚 모 눌러쓰고 혼자 가더라.

전 전생에 우리는 형제였다고
두 손을 꼭 잡고 환히 웃기에
언제 다시 만나냐고 물으렸더니
먼 산을 바라보다 혼자 가더라.

숲에 들어선다. 곰이 두려워 깊이 들어가지도 않았는데 아름드리 나무들이 빽빽하다. 더러는 이끼를 뒤집어 쓴 채 쓰러져 있다. 벽 년을 넘었을 쓰러진 나무들을 보며 어떤 감회에 잠긴다. 아마도 연민이 아닌가 싶다.

<u>사랑</u>
눈물이 날 때까지 웃어볼까 우리
웃다가 허전함에 울어볼까 우리
단풍든 빨간 잎을 입에 문 채로
뜨겁게 뜨겁게 안아 볼까 우리

유채꽃 핀 벌판을 걸어볼까 우리
단풍든 가로수를 뛰어볼까 우리
싱그럽던 지난날을 되돌아보며

마주 서서 환하게 웃어볼까 우리

록키는 말 그대로 바위산들이다. 억세고 우람한 바위다. 그 중 유난히 눈길을 끄는 바위가 있다. 천 년 전 같이 뛰 놀던 친구 같다. 해 지는 줄 모르고 바위 앞에 서 있다. 소리가 들린다. 바위의 소리는 저음이다.

천 년을 기다렸소 왜 이제 오시는가
해 뜨고 해 질 때에 내 마음 어땠겠소
저리가 멍석 펴놓고 지난 천 년 더듬세.

가끔은 <오늘이 내 마지막 날이라면?>을 생각 한다. 많은 사람들이 그런 생각을 하며 반성과 회개를 한다는데 나는 어떤가? 그러기에는 하루가 너무 짧다.

조금만, 조금만
더 있다 오소서
아직, 아직은 아닙니다.

세상사로 때에 절고
욕심으로 빛바래어
지금은 감히

마주 볼 수 없사오니

모든 이에게 빚진 자 되어
모든 사람을 감사하고
사랑하고 존경으로 대할 때
그때 오시옵소서.
아직, 아직은 아닙니다.

창문을 연다. 시원한 바람 한 조각이 뺨을 스치고 지나간다.

<u>창문을 열면</u>
창문을 열면
누군가
온 몸으로 웃으며
두 팔 벌리고
다가 올 것 같은데,

창문을 열면
듣는 이 아무도 없어도
목이 쉴 때까지
노래할 것 같은데

창문을 열면
그리움과
아쉬움의 덩어리가
성난 파도 되어
소리치며 내달을 것 같은데

오늘은
창문을 여니
민들레 꽃씨처럼
조용히, 조용히
흐르고 싶어라.(*)

이(李) 삿갓 방랑 잡기(放浪雜記)
그 세 번 째

　캐나다의 대표적인 소리는 무엇일까? 자연이 잘 보전 되어 있고 보호 하고 있으니 동식물, 바람 등 자연의 소리를 꼽을 수 있겠지만 도시에서는 아무래도 잔디 깎는 소리와 눈 치우는 소리를 빼 놓을 수 없겠다. 잔디와 집 앞의 눈을 치우지 않으면 벌금이 부과 되는 나라이기도 하다. 잔디와 숲의 나라답게 도시도 집집마다 앞과 뒤뜰에 잔디밭이 있고 집 주인의 취향에 맞게 정원을 만들어 놓았다. 그러나 어느 정원이든 불청객으로 푸대접 받는 꽃이 꼭 끼어 있다. 민들레다. 여기서는 민들레가 잡초 취급을 받는다. 뿌리 채 뽑거나 독한 약으로 근본을 없애 버린다. 밟고 뽑고 독약을 쳐도 잔디밭과 벌판을 노란 꽃으로 압도시키고 마는 민들레를 보면 문득문득 한반도와 한민족이 생각난다.

　<u>민들레</u>
　기나 긴 겨우살이 말없이 이겨내고
　밟히고 뽑히어도 모질게 참았기에

외롭고 설운 마음은 둥근 꽃술 만든다.

캐나다에서는 옛 건물 보기가 어렵다. 영국 연방 시대의 건물들이 몇몇 남아 있지만 육중한 느낌은 드나 한국의 왕궁이나 절집에서 느끼는 의젓함은 없다. 날아갈 듯 가벼워 보이면서도 건물 전체를 안고 있는 듯한 무게감과 자연스러운 처마의 곡선은 아예 개념조차 없다.

그리고 탑이 없다. 검소하나 궁색하지 않고 멋이 있으나 화려하지 않은 한국에서 보던 그런 탑이 없다. 모조품 몇 개를 보았지만 <아니올시다.> 다. 기대고 싶고 무슨 얘기를 나누고 싶은 그런 훈훈한 탑이 아니다. 한국에 있는 탑들은 몇 층의 탑이든 각 층의 탑 날개는 각기 모양은 다르나 어느 거리, 어느 각도에서 보아도 다른 층의 날개들과 같은 굽이로 보이도록 다듬었다니 경이로움에 고개를 숙이게 된다.

유홍준 씨의 <나의 문화유산 답사기>에는 탑 이야기가 많이 실려 있다. 새삼스럽게 책장을 넘기며 탑들을 바라본다.

탑 날개
살포시 내려앉은 한 마리 나비여라
천 년의 풍상 속에 저리도 고운 자태
시공을 넘어 나르는 영이어라, 차라리

이른 봄
봄기운 완연하단 얘기를 몇 번 듣고
공원에 나섰다가 눈길만 걷다왔소
메마른 나뭇가지엔 겨울 아직 남았고

청설모 한 마리가 나무에 올라가니
눈 녹은 물소리엔 봄 내음 실렸는데
저기 봐 물오리 한 쌍 보란듯이 거니네

에드몬톤에 산악회가 있다. 공식 이름은 <에드몬톤 푸른 산악회>인데 보통 <푸른 산악회>, 또 이 도시에 산악회가 하나 밖에 없으니 그냥 <산악회> 부른다

2011년 초 몇몇 산을 좋아 하는 사람들이 차 한 대로 산에 오르자며 시작한 조그마한 모임이었는데 3년이 지난 지금은 등록한 회원이 176명이고 가끔 산행을 같이 하는 가족까지 염두에 두면 연인원 200명이 넘는 단체가 되었으니 빠르게 세가 확장되었다. 5월부터 10월 까지는 한 달에 최소 두 번의 <정기 산행>을 하고 등반 수준이 맞는 사람끼리 또는 시간이 맞는 사람끼리 서너 명 단위로 산에 오르는 <번개산행>이 있다. 차로 왕복 아홉 시간을 달려야 만나는 산이라 새벽에 출발하여 밤늦게 도착 하는 당일치기 산행인데 그 것을 마다 않고 즐기는 회원들도 참 대단하다.

칼바람이 몰아치고 허벅지를 넘는 눈에 빠지며 산에 오르는 제정신이 아닌(?) 회원들도 있는 산악회다. 언젠가는 그 팀에 끼어 겨울 산에 올랐다가 록키 산 눈밭에서 하나님을 만날 뻔 했다. 겨울철에는 몇 명이 모여 공원 걷기도 한다.

오늘도 산에 오른다. 휘파람을 불며 <진짜 사나이>곡에 맞춰 <산악회 노래>를 부른다. 어느 분이 이 가사에 행진곡 풍으로 곡을 붙여 주시면 좋겠다.

<u>산악회 노래</u>
바람 하나 구름 하나 머물다 간 그곳에
바위 하나 나 하나 억세게 섰다
몸 닦고 마음 닦아 세상 거름되려는
캐나다 에드몬톤 푸른 산악회 (X2)

산 속에 교훈 있어 머리를 숙이고
계곡에 지혜 있어 노래를 부른다
자연을 닮으려고 모여서 선 우리들
캐나다 에드먼톤 푸른 산악회 (X2)

오늘도 산에 오른다. 여럿이 오르지만 혼자 오르고 혼자 오르지만 여럿이 오르는 산행이다. 그래서 좋다. 산에 오르며 혼자서 꿈도 꾼다.

꿈
엘프 산 가는 길에 파란 장미 있다기에
부푼 맘 추려 안고 빠른 걸음 걸었지만
장미는 어딘가 숨고 참새 떼만 보았소

<캐나다는 감탄하며 스쳐 지나가는 곳으로는 으뜸이지만 사는 것은 여기가 거기>라는 말을 여러 번 들었다. 워낙 넓은 땅이고 자연을 자연 그대로 보전하는 나라이니 볼 것이 많은 것은 누구도 부인하지 않는다. 서부에 록키 산맥이 있는 것은 참 고맙고 다행한 일이다. 산악회에 묻어서 또는 혼자 록키에 자주 들어간다. 볼수록 아름답고 신기하다. 깊이 들어가서 한 달 쯤 야영을 하고 싶다는 충동을 여러 번 갖는다.

로키 산
바위산 돌아서니 더 큰 산, 또 바위산
호수마다 하나 가득 산들을 실었는데
머 언 곳 구름바다 위에 또 한 바위 솟았다

천이 넘는 전설들은 갈대밭에 숨겨놓고
전설보다 진한 얘기 가슴에 묻어둔 채
만 년 전 눈을 보듬고 무심한 듯 서 있다.

하늘은 높다랗게 파란대로 놓아두고
좀 전의 사슴 떼는 저 만치 멈췄는데
낯 설은 들 풀 머리엔 분홍 꽃이 피었다.

웅대함에 나를 잃고 바람에 너를 잃어
어제가 내일인지 오늘이 옛날인지
흩어진 메아리들을 소리쳐 불러본다.

세상사 모든 일을 굵게 보라 이름인지
단조롭게 그려 놓은 산 그림자 끝에서
반의 반 그 반의반도 안 되는 내 그림자 보았네.(*)

5부
올 가을에는

숨은 그림 찾기

나에게는 좀 독특한 버릇이 하나 있다. 그림이나 사진 또는 직접 보이는 피사체에서 다른 사물의 모습을 찾아보는 것이다. 벽에 붙은 그림이나 달력의 그림도 예외가 아닌데 산이나 바다, 숲 등의 피사체를 눈을 가늘게 떠서 실눈으로 보며 그 안에서 실체가 없는 사람의 얼굴이나 동물 같은 것을 찾아보는 버릇이다. 노스트라다무스의 시에서 숨겨진 진실을 찾아보는 고차원적인 것이 아니라 실체가 없는 사물을 나 혼자 추상해 보는 단순하고 차원이 낮은 얘기다.

산에는 큰 바위들이 있는데 어떤 것은 무슨 형상을 연상시키는 것이 있다. 인위적으로 만든 것이 아니기에 보는 각도에 따라 연상되는 것이 달라서 같은 바위를 어느 마을에서는 곰 바위라 부르고 이웃 마을에서는 선녀 바위라 부르기도 한다.

근엄하면서도 인자한 부처의 모습을 제대로 표현한 조각가는

"나는 그냥 바위 속에 앉아 계신 부처님을 밖으로 모신 것뿐."이라 했단다. 이렇게 어느 사물에서 받은 영감이 뛰어난 예술혼과 만날 때에는 걸작품이 나올 수도 있구나 생각했다.

김홍도는 모르면서 미켈란젤로를 모르는 한국인은 드물 정도로

유명한 화가이며 조각가이다. 시스티나 성당 천장에 빛의 창조부터 노아의 홍수까지의 성경 이야기를 그린 그림은 너무나 유명하다. 아담이 하나님으로부터 생명을 부여받는 장면에는 아담의 왼발 종아리에 여인의 나체가 숨어 있다. 그렇게 보이는 것이 아니라 일부러 그려 넣은 것이 분명하다. 이브를 상징하는 그림이겠지만 천재 화가의 재치와 익살에 미소를 머금게 된다.

인도의 아잔타와 앨로라 석굴은 종교적으로, 예술적으로 유명하다. 70미터 높이의 절벽에 3.2킬로미터에 걸쳐 있는 크고 작은 62개의 석굴이다. 불교, 힌두교, 자이나교를 섬겼던 유적으로 자연 상태의 바위산을 쪼아 들어가며 굴을 만들었다고 한다. 큰 석굴은 길이 83미터, 폭 46미터, 높이가 35미터라니 그 규모에 놀라지 않을 수 없다. 많은 종교 유적이 그 안에 있다고 한다. 바위산을 보았을 때 큰 영감을 받아 그 안에 숨겨진 그림들을 하나씩 형상화 시켰는지는 알 수 없으나 1200년간 꾸준히 만들었다니 몇 십 세대를 잇는 대단한 예술혼과 대단한 신앙심 앞에 숙연해진다. 사진으로만 보았을 뿐인데 억지로라도 기회를 만들어 꼭 가보고 싶은 곳이다.

또 하나의 숨은 그림이 있다. 바로 뇌이다. 아직도 많은 신비에 싸여 있는 사람의 뇌는 평생 그 용량의 10%도 사용하지 못한다고 한다. 박물관에 보관된 아인슈타인의 뇌를 연구한 학자들은 그가 뇌의 13%를 사용했다고 발표했다. 일반 사람들 보다 불과 3% 더 사용 했을 뿐인데 세계적인 천재의 대명사가 되었다.

활용하지 못하는 뇌 안에는 잠재의식도 들어 있을 것인데 불교식으로 말하면 전생의 모든 기록이 저장되어 있을 터이니 어떤 수련이나 자극을 받아 활용할 수 있을 때에는 전생에서 살았던 모든 나라의 말을 할 수 있을 것이며 세계사의 많은 오류를 지적할 수 있을 것이다.

뇌의 20%를 사용할 때는 고성능 컴퓨터의 능력을 갖게 되고 초능력을 발휘한다고 한다. 내가 뇌의 20% 이상을 사용하고 내 안에 잠들어 있는 거인, 잠재의식이 깨어난다면 나는 어떻게 행동할까? 처음 얼마 동안은 인류에 도움을 주는 일을 하겠지만, 점점 변하다가 어느 시점이 지나면 내가 하나님이라고 떠들며 온갖 요상한 짓을 하다가 나락으로 떨어질 것이 뻔하다.

그런 면에서 보면 지금 정도의 뇌만 사용하며 조금 부족하고 많이 덜 떨어진 상태로 사는 것도 하나님이 나에게 내리신 또 하나의 축복이라 생각하며 실눈을 뜨고 싱겁고 단순한 숨은 그림 찾기나 하며 살 생각이다.(*)

추수감사절

며칠 전, 추수감사절 연휴가 있었다.

추수감사절은 북아메리카의 대표적이고 전통적인 명절이다. 흩어졌던 가족들이 모여 칠면조와 호박파이 등 음식을 나누며 휴일을 즐긴다.

<그 기원은, 약 400년 전에 영국의 청교도들이 미국에 이주하여 새 터전에 정착할 당시 경제적인 어려움에 전염병이 번졌으며 원주민들과도 싸워야 했다. 어려운 여건에서 얻은 농산물에 감사하면서 1621년 3일간 축제를 열었다. 1623년 매사추세츠 주에서 정식 명절로 선포하였고 1863년 링컨 대통령이 국경일로 선포한 이래 가장 중요한 국경일 중 하나로 매년 지켜지고 있다. 한국은 미국 선교사들의 영향으로 도입되어 현재는 11월 셋째 주일을 교회 명절의 하나로 지키고 있다.>

위의 글은 인터넷 검색에서 찾아 본 추수감사절 얘기다. 자신들의 생존을 위협하는 어려움 가운데서도 하나님이 돌보아 주신 것을 믿고 감사드린 청교도들의 전통에 뿌리를 두고 있는 것이다. 수확과 감사와 가족을 생각하는 것은 한국의 추석과 거의 같은데 그들

은 먼저 하나님을 생각했고 우리는 먼저 조상님을 생각했다는 것이 다르다. 북미와 한국은 기후와 풍토와 풍습이 다르지만 그 시기에 있어서는 미국이 11월 넷째 목요일, 캐나다의 10월 둘째 월요일인 것에 비하면 음력 8월 15일로 대개 9월 하순이 되는 한국의 추석이 더 합리적이고 합당한 것 같다. 밖으로 눈을 돌리지 못한 아쉬움은 크지만 생각하는 면에서는 우리의 조상이 그들보다 한 수 위라는 생각을 하게 된다. 더구나 훤한 보름달까지 뜨는 날을 택하였으니 자연과 함께 조화를 이루는 멋진 명절이 되는 것이다.

"더도 덜도 말고 한가위만 같아라."라는 말이 있다. 들과 산의 풍성한 농산물과 과일을 보면 마음까지 넉넉해지고 여유를 갖게 된다. 한국에서 추석이 막 지난 시월 초에 농촌에 사는 친구 집에 간 일이 있다. 양조장까지 운영하는 부농이었다. 마당에는 들고 나는 농산물이 가득 했고 주변의 나무들은 자신만의 과일을 잔뜩 달고 있었다. 감나무 밑에 서서 한 아름이나 되는 나무를 안고 하늘을 보니 이렇게 많은 감이 한 그루의 나무에 달릴 수 있다는 것이 감탄스러웠다. 감들 사이사이로 보이는 파란 하늘은 빨간색의 감과 어울려 탄성이 절로 나오게 했다. 참 좋은 계절이고 참 좋은 날이었다.

앞을 못 보는 여자 아이가 EDMONTON 시의 시청 옆 광장에서 AMAZING GRACE를 눈물이 날 정도로 감동적으로 부르고는 눈외의 다른 부분을 정상으로 허락하신 하나님께 감사하며 그 감사한 마음을 노래를 통해 알리겠다고 했다. 두 다리가 없어 WHEEL CHAIR를 타고 노숙자들에게 점심식사 제공 하는 것을 돕던 청년은 이렇게 남을 도울 수 있다는 것이 얼마나 감사한 일인지 모르겠다고 했다. 곁에서 볼 때는 신체적, 경제적으로 어려운 처지에 있는 사람이 분명한데 보통 사람들 보다 오히려 더 밝고 더 긍정적으로 사는 사람들의 모습도 자주 보고 있다. 그들은 한결같이 <고통에도 뜻이 있다.>며 현실을 감사한 마음으로 받아들이고 있다. 정말 감사가 무엇인지 아는 사람들이다.

자식 농사라는 말이 있다. 다른 나라에도 그런 표현이 있는지는 모르겠으나 오랫동안 농경 사회에서 살아왔기에 자식도 농사에 비유하는 우리의 독특한 표현 일 지도 모른다. 한 사람의 현재 모습을 보며 그 부모에게 자식 농사를 잘 지었느니 자식 때문에 마음고생이 많겠느니 하며 하는 말이다. 어느 부모인들 자식이 건강하고 바르게 성장하기를 바라는 마음이 없겠는가? 그러나 내가 이루지 못한 것에 대한 대리 만족을 얻기 위해 자식이 취미도 관심도 보이지 않는 일을 강요하지는 않았는지? 너무 세상적인 기준을 적용하여 행복하게 사는 것 보다는 좀 더 그럴듯한 사회적 지위를 얻고 좀 더 물질의 풍요로움을 누리기 바라며 어떤 압력을 가하지는 않았는지? 자식들이 잘 되고 그렇지 않고의 원인과 결과를 보면 그 책임의 80% 이상은 그 부모에게 있을 것이라는 생각을 하게 된다.

결실의 계절, 감사의 계절을 맞아 우리 스스로를 농산물에 비유해 보면 어떨까? 나는 어떤 열매를 어떤 모양으로 맺고 있을까? 찌그러지고 벌레 먹은 열매? 먹음직도 하고 보암직한 탐스러운 열매? 지나온 세월 동안 나는 매 년 어떤 열매를 맺어 왔고 올해는 어떤 열매를 맺고 있을까를 1년의 3/4 이 지난 지금 돌아보는 것도 의미 있는 일이 될 것이다.

 하나님 보시기에는 어떤 열매, 조상님 보시기에는 어떤 열매, 2세와 3세가 보기에는 어떤 열매를 맺고 있을까?

 "제법 그럴듯하게 말하는 너는 지금 어떤 열매를 어떤 모양으로 맺고 있니?"

 왜 갑자기 머리가 아프고 몸이 오그라들까? 맥주나 한 잔 해야겠다.(*)

교회 이야기

　목사, 기자, 경찰이 식당에서 함께 식사를 했다. 밥값은 누가 냈겠느냐? 정답은? <식당주인>이란다. 세태 풍자 유머를 읽고 웃었지만 웃음의 뒷맛은 씁쓸했다. 교회 얘기, 특히 교회의 문제를 얘기하기는 참 어렵다. 예수처럼 생각하고 예수를 닮아 가는 신실한 교인들이 많이 있음을 알고 있기 때문이다.

　2010년 한국 통계청이 발표한 종교 실태를 보면 10년 전에 비해 개신교인은 줄었고 천주교와 불교 신자는 늘어났다. 한국 교회가 서양교회와 같이 텅텅 비는 현상의 시작은 아니겠지만 많은 교인들이 교회를 떠난 이유는 <예배 방법이 경건하지 않고 시끄럽다,
　헌금을 강요한다, 교역자의 질이 낮다>라고 보고서는 말한다.

　어느 목사님은 "요즘 교회는 모이자, 집 짓자."가 거의 공식화 되어 헌금을 강요한다고 개탄했다. 교회의 교역자는 천주교나 불교에 비해 성직자가 되는 과정이 많이 생략되고 교육기간이 짧으며 그 수가 많은 것도 사실이다. 한국에서 한 해에 몇 명이 신학 대학을 졸업 하는지는 아무도 모른다고 한다. 대략 8000명 이상으로 추산

하는데 무인가 신학교에서 배출하는 인원은 아무도 모른다. 미국에도 한국인이 운영하는 신학교가 80개를 넘는데 대부분 학위를 인정받지 못하는 학교라니 놀랍다.

한국일보 미국 LA지사에서 종교 칼럼을 담당했던 정숙희 기자가 쓴 책<그들은 왜 교회를 떠났을까?>에는 교회의 어두운 면이 많이 노출되어 있다. 주도권 싸움, 갈등과 분열, 목사 우상화, 대형 건물, 탈세, 부동산 장사, 영주권 장사, 세속화, 물질주의 등 교인인 저자는 아픔과 용기를 갖고 많은 것을 지적했다.

미국과 캐나다 등 북미 국가의 교역자 중 60 %는 별도의 자기 직장을 갖고 있으며 교회 일을 한다고 한다. 그런 것이 옳다고 주장하지는 않으나 교회를 자기 왕국으로 만들고 세습까지 하는 한국의 일부 교회가 생각난다.

여행길에서 만났던 초노의 한국 사람은 회사를 경영하는데 교회 장로임에도 자기 회사에 기독교인은 채용하지 않는다고 했다.

<장로가?>

의아해서 물었더니 "말이 많고 자기중심적이다. 배려와 희생이 없고 타협할 줄 모르고 정직하지도 않다." 빛과 소금이 되라 하셨는데 뺀질뺀질한 조약돌 취급을 받고 있는 것이다. 개인의 심한 편견이라고 치부할 수도 있지만 어쩌다 이 지경까지 온 것이다. 캐나다 BC주에서 시무하는 어느 목사님은 "BC주에만 천 명이 넘는 한국 교역자들이 있다. 그 중에는 해외에서 시무 했다는 독특한 경력을 갖기 위하여, 아이들의 영어 공부를 위하여, 교회를 통해 캐나다 영

주권을 받기 위하여 시간 끌기를 하며 머물고 있는 교역자가 많이 있다."고 탄식 했다.

이민 교회에는 또 다른 특성이 있다. 절대 다수가 교인이기에 정보 교환과 객지 생활의 외로움을 달래주는 친목의 성격이 있고 새로 온 이민자의 정착을 돕는 일도 중요하다. 많은 도움을 받고는 납득할만한 이유 없이 옆 교회로 옮기는 사람들이 있는가 하면 생활 근거지가 바뀌어 떠나는 등 교인의 이동이 많은 것도 특성이라면 특성이다. 사람과 사람의 접촉이 많이 있다 보니 사람들 사이에서 상처 받고 떠나는 부작용이 있는 것도 사실이다.

에드몬톤 한국인 교회 사정에 훤한 어느 사람은 "그 교회는 설교가 마음에 들지 않고 저 교회는 어느 장로, 어느 집사가 보기 싫어 여러 교회를 다니게 되었노라."고 했다. 교회가 싫은 것이 아니라 교인들이 싫다는 그에게 "당신이 다님으로 좋아지는 교회가 좋은 교회"라 했다. "자주 옮겨 심은 나무는 뿌리가 허실해 질 수 있고 생명력이 약해 질 수 있다."는 말도 덧 붙였다.

기독교가 한국인에게 끼친 좋은 영향은 많고 교인들이 사회와 나라에 행한 훌륭한 일들은 칼럼을 천 번 이상 써도 모자랄 정도로 많다 그러나 교회 안팎에서 비판과 자성의 소리가 높아지고 교인수가 잠시나마 주춤한 이 때 스스로를 돌아보는 냉정함이 있어야 할 것이다. 경배와 찬양, 이해와 사랑과 나눔이 가득 찼던 초대 교회 교인들을 돌아보아야 할 것이다.

목사와 장로와 권사와 집사는 보이지 않고 예수만 보이는 교회로 만들어 나가야 할 것이다.(*)

신발

여행가이며 사진작가가 세계 곳곳의 수도원을 찾아다니면서 찍은 사진을 엮어 책으로 출간하였다. 수도원 내부는 물론 때로는 방에 들어가서 찍은 사진도 있었다. 죽을 때까지 수도원 밖 출입을 하지 않은 채 극히 검소하고 엄격한 수행을 하던 특이한 곳이다. 몇백 년 전의 모습을 그대로 간직한 곳도 있어서 싸한 느낌을 갖고 천천히 아주 천천히 사진들을 넘겼다. 어느 수도원 안의 박물관에는 수도사들이 사용하던 그릇, 옷, 책을 비롯하여 여러 가지 진열품이 있었다. 그 중에 250년 전에 수도사들이 신던 것이라는 설명과 함께 벽에 두 켤레의 샌들이 걸려 있는 사진이 있었다. 오래도록 그 사진에서 눈을 뗄 수가 없었다. 250년 전 수도사들이 저 샌들을 신고 얼마나 힘든 자신과의 싸움을 했을까? 그들은 지금 다 어디로 갔는가?

성경의 출애굽기는 신발 이야기로 시작된다. 하나님이 호렙 산에서 떨기나무 가운데 불꽃으로 나타나셔서 모세를 부르신 후 첫 말씀은

"네가 선 곳은 거룩한 땅이니 네 신을 벗으라."였다.

하나님에 대한 예의를 갖추라는 것이기도 했지만 내가 내 사랑, 내 생명, 내 소망으로 채워 주겠으니 너의 모든 것을 내 앞에 내려 놓으라는 것은 아니었을까? 모세가 그 신발을 다시 신고 애급으로 돌아갈 때는 도망자에서, 양치기에서 벗어나 이스라엘 백성을 구하는 큰 사명은 가진 큰 사람이 되어 있었다.

신발하면 떠오르는 기억이 또 하나 있다. 어느 해 가을, 여행 중에 아담한 절의 요사 체에서 이틀 간 머문 적이 있는데 한 밤 중이라는 표현이 더 어울리는 이른 새벽에, 법당 댓돌 위에 가지런하게 놓여 있는 흰 고무신들은 아름다운 조화였고 목탁 소리와 함께 여럿이 읽는 염불 소리는 아름다운 합창이었다. 인간의 한계를 벗어나지 못하는 하소연 같기도 하고 하늘의 뜻과 일치하려는 간절한 소망 같기도 하고 인간으로 사는 만족감의 찬양 같기도 하고 그 모든 것을 합친듯한 합창과 법당 앞에 가지런히 놓인 신발들은 너그럽고 여유 있게 보이는 한 편의 동양화였다.

박목월의 시에 〈가정〉이 있다. 1950년대 경제적으로 어려운 때에 쓴 시다.
어느 시인의 가정에
알전등이 켜질 무렵
문수가 다른 아홉 켤레의 신발

내 신발은 십 구문 반
눈과 얼음의 길을 걸어
그들 옆에 벗으면
육 문 삼의 코가 납작한
귀염둥아 귀염둥아
우리 막내둥아
굴욕과 굶주림과 추운 길을 걸어
내가 왔다
아버지가 왔다
아니 십 구문 반의 신발이 왔다
---중략--

신발로 가족을 표현한 가난한 시인의 따뜻한 마음이 전해진다.
세상적으로 상당한 부와 명예를 가진 사람들이 더 많은 것을 갖는 일에 수단과 방법을 가리지 않을 뿐 아니라 법질서도 얼마든지 무시하는 세상에서, 사랑이 무엇보다 우선이라는 것을 깨우쳐 주는 시이기도 하다.

최근, 취임 후 첫 방문국인 러시아에서 중국의 시진핑은, "신발이 발에 맞는지 안 맞는지는 신발을 신은 사람만이 알 수 있는 것"이라고 했다. 중국의 인권 문제나 소수민족 정책, 주변국과의 영토분쟁 등과 관련한 미국이나 서방의 비난에, 다른 나라의 내정에 간섭해서는 안 된다고 경고를 한 것인데 신발에 비유한 것이 재미있다.

한국에서, 영업이 잘 되는 고급 술집 마담에게서 들은 말이다. 처음 오는 손님은 구두를 보고 고객 등급을 매겨 접대하는 나름대로 몇 가지 방법이 있다고 했다. 대표적인 것은, 평범한 구두를 깨끗이 닦아 신고 구두 주걱을 사용하는 손님은 고지식하고 깔끔한 사람임으로 조심스럽게 대하지만 술값 뜯길 염려는 없는 손님이고 비싼 구두를 빨리 벗고 빨리 신으며 뒤 굽이 찌그러져 있는 손님은 특급 손님으로 영업 이익을 많이 올려 주는 사람이란다.

그리고 보면, 신발에는 그 것을 신던 존재의 인격이 배어 있는 듯도 하다. 신발을 보면 어떤 인생을 살고 있는지 알 수 있을 것도 같다는 생각도 해 보았다.

신발을 주제로 한 글을 쓰다가 새삼스럽게 집의 신발장을 돌아보았다. 그저 그런 모습으로 놓여 있는 구두들이 이제까지와 달리 살갑게 느껴진다.

나를 싣고 다니며 이 곳 저 곳, 이런 일 저런 일을 만나고 다니는 구두를 짠한 마음으로 깨끗이 닦아 놓았다.

<이제 부터는 좋은 곳과 좋은 것들을 많이 보여 줄게!>(*)

헌장(憲章)

몇 년 전, 직업 교육을 시키는 ACCOUNTING 학교 졸업을 앞두고 두 달 간의 현장 실습 과정이 있었다. 나는 객실이 430개 있는 호텔에 배정되었다. 1층 로비에는 건물 안에 있는 것 치고는 제법 큰 연못이 있었다. 많은 물고기가 있는 연못 옆 두 곳에 <물고기는 동전을 좋아 합니다>라는 푯말이 세워져 있었다. 몇 개의 비스킷을 부수어 넣어 주니 밑에 깔린 동전을, 내가 여자 보듯이 무심하던 물고기들이 몰려들어 다투며 먹었다. <아닌데? 비스킷을 더 좋아 하는데?>.

관리자들이 동전을 거두어 물고기 밥을 사 주는지 제 밥을 사 먹는지는 모르겠으나 재미있는 구호다. 투숙객들도 관리자의 재치와 유머에 웃으면서 동전을 던졌을 것이다. 푯말의 적힌 이런 종류의 글을 무엇이라고 해야 하나? 안내문? 구호? 합당한 말이 쉽게 떠오르지 않는다. 안내문은 아니고 구호는 더더구나 아닌 것 같다.

우리 주위에는 참 많은 구호가 있었다. <북진통일>, <우리의 맹세>가 있었고 국경일과 사회적 기념일에는 학생들이 동원되어 행사 노래를 부르며 매번 어떤 구호를 외쳤다. 세뇌교육 수준의 많은 구호 속에서 살아 온 것이다.

산아제한 구호가 한창이던 때는 눈길 가는 곳 어디에서나 그 구호를 볼 수 있었다. <아들 딸 구별 말고 둘만 나아 잘 기르자.>,< 잘 키운 딸 하나, 열 아들 부럽지 않다>. 불과 30년 후인 지금은 줄어드는 인구를 걱정하며 여러 가지 출산 장려 정책을 짜내고 있으니 세상 참 재미있다는 생각과 함께 구호를 너무 잘 지켜도 문제가 있다는 싱거운 생각을 하게 된다. 지난 구호들을 정리하면 사회 흐름과 사람들 인식의 변화를 알게 되는 좋은 논문 제목이 될 것이다.

구호가 많다 보니 지금은 조롱거리와 우스개로 여기는 것들도 꽤 나 있다. 대표적인 예가, 관공서 정문마다 내 걸었던 <정의 사회 구현>과 <믿어주세요.>를 자주 말하여 유행어를 만든 사람이 있다. 그 구호를 외쳤던 두 명의 대통령은 교도소에 갔었고 아직까지 추적당하며 추징금을 내고 있다.

헌장이라는 것이 있다. 소속된 단체나 무리가 그들이 모인 목적과 권리와 이익을 대변하는 것으로, 말하자면 그 것도 일종의 구호다. 국민교육헌장을 달달 외워야 한 때도 있었다.

문학단체의 문인헌장 1항은 <문학은 인간의 삶에 기여하는 예술이다. 우리는 이 숭고한 정신에 동참 한다>로 되어 있다. 그냥 읽고 지나갈 만하다.

그러나 전체 열한 개 항목의 어린이 헌장의 1항은 <어린이는 건전하게 태어나 따뜻한 가정에서 사랑 속에 자라야 한다.>이고 2항은 <어린이는 고른 영양을 취하고, 질병의 예방과 치료를 받으며,

맑고 깨끗한 환경에서 살아야한다>이다. 구구절절 옳은 말씀인데 <그런데?>, <그래서?> 소리가 무심코 나온다. 구호만 있지 구체적인 실천 방안이 없다.

여성 헌장이 있다. 여성의 권리를 찾자는 헌장이다. 의견이 다양해서인지, 지역별로 여성의 위치가 달라서인지, 거의 비슷하지만 지방별로 헌장이 다르다. 강원도 여성헌장, 충청북도 여성헌장 등이다. 달빛 여성헌장이라는 것이 있다. 24개 항목으로 되어 있는데 그 1,2,3항은 이렇다.

1) 우리는 밤길을 안전하게 다닐 권리가 있다.
2) 우리는 복장의 자유가 있다.
3) 우리는 안심하고 택시를 탈 권리가 있다.

이쯤 되면, 경찰서 앞에서 시위 하는 것으로 착각할 정도로 아리송하기에 앞서 웃음이 먼저 나오는 것은 내가 너무 경망스럽기 때문일 것이다.

남자의 위치가 점점 낮아지고 있다. 코란의 율법대로 살아가는 이스람교 영향권의 나라들을 예외로 하면 여성의 지위가 가파르게 상승하고 있는 것은 세계적인 추세이다. 한국도 마찬가지다. 가장의 기침소리 한 번으로 집안 질서가 잡히던 시절에는 호랑이가 담배를 피웠다나? 이제는 매를 맞거나 쫓겨나는 남편들 애기도 가끔 듣는다.

캐나다로 이민 온 남자들도 예외는 아니다. 같은 곳에서 부부가 매일 같이 일하고 있으니 그나마 가장의 지위를 유지할 수 있었던 경제권을 주장할 근거가 없어졌다. 고객과 자주 다툼으로 계산대 근처에는 아예 얼씬거리지 말고 물건 구입을 맡기니, 구색을 갖추어 놓지 못하는 주제에 놀러 다니며 돈만 써서 그마저 제지당하고 집에서 잔디를 깎고 아이들 등하교 때 운전이나 하는 식객으로 전락하는 남자들이 점점 많아지고 있는 현실도 자주 본다.

이러다가 길게 잡아 30년 뒤에는 남성헌장이 등장할 것이다. 그 때의 지식인들이 지혜를 짜내어 좋은 헌장을 만들겠지만 <물고기는 동전을 좋아 합니다>와 거의 동격인 또 하나의 재미있는 헌장이 나올 것이다. 몇 항까지 있을지는 모르지만 나는 그 첫 항을 이미 알고 있다.

<우리는 여성과 마찬가지로 인간답게 살 권리가 있다.>(*)

안경

 요즈음에는 누구나 안경을 갖고 있다. 안경 쓴 모습이 싫어서 콘택트 랜즈를 눈꺼풀 안에 넣는 사람들도 있지만 누구는 시력이 좋지 않아서, 누구는 멋으로 또 누구는 얼굴의 약점을 보완하기 위해 안경을 쓴다. sun glass는 이미 보편화 된지 오래고 잠수부용, 용접용 조종사용 등 직업용, 산업용 안경도 다양하여 안경 수집가가 아니더라도, 살다 보면 몇 개의 안경을 갖게 된다. 유리가 발명되기 전에는 약한 시력을 어떻게 보완했을까?
 8, 90년 전, 안경 낀 사람들의 사진을 보면 컴퍼스로 그린 듯한 둥그렇고 커다란 안경을 썼다. 불과 몇 십 년 전만해도 나이 많은 분들 앞에서 안경을 벗지 않으면 기본예절도 모르는 버릇없는 놈으로 간주되어 호된 질책을 받는 시절도 있었다.
 <제 눈에 안경>이라는 말이 있다. 객관적은 아니더라도 상식적으로 불균형하다고 생각할 때 주로 쓰는 말이다.
 실례가 있다. 몇 사람이 한담을 나누는데 그 중 한 사람이 하소연을 했다. 29살의 건장하고 남들이 부러워하는 직장에 다니는 조카가 결혼을 했는데 상대는 딸 하나와 친정에 얹혀사는 동갑내기 이

혼녀라는 것이다. 신랑 집 가족들의 반대가 엄청났지만 본인의 의지가 완강하여 어쩔 수 없었다고 했다. 혀를 끌끌 차는 사람, 눈에 콩깍지가 끼었다는 사람에 '전생의 인연'을 얘기하는 사람도 있었다.

<안경> 하니 떠오르는 얘기가 있다.

중세기 종교개혁가 루터의 이야기다. 그 시절 독일 고학생들은 남의 집 창문 밖에서 노래를 부르고 돈을 받아 학비를 마련하였다. 노래가 너무 엉망 이거나 안주인의 성품이 곱지 않으면 무안을 당하고 쫓겨났다. 한번은 루터가 어느 부잣집 창문 아래서 큰 소리로 노래를 불렀다. 그런데 노래를 시작하자마자 체격이 크고 험상궂게 생긴 사나이가 창문을 열고 바라보더니 뛰어 나왔다. 루터는 그가 주먹질이라도 할 것으로 알고 도망쳤다. 사나이는 계속 쫓아 왔다. 발이 빠르지 못한 루터는 결국 붙잡혔는데 공포에 떨고 있는 루터에게 돈뭉치를 내밀고 돌아섰다. 사나이는 루터에게 장학금을 주려는 자선가였던 것이다.

루터는 그때를 회상하며 "나는 목소리가 별로 좋지 않다."라는 열등의식을 갖고 노래를 부르니 사나이가 뛰어 나오는 것을 자기를 해치기 위해서 나오는 것으로 여겨졌다고 했다. 그러면서 "두려움의 안경을 쓰고 세상을 보면 세상만사가 걱정과 염려로 가득 차있고 믿음이라는 안경으로 갈아 끼면 세상이 감사와 좋은 일로 가득 차게 보인다.".라 했다. 환경도 중요하지만 지금의 환경을 어떤 안경을 쓰고 보느냐에 따라 해석이 다르고 해석에 따라 행복이 달라진다. 능력의 차이 라기 보다는 가치관의 차이인 것이다.

배가 많이 나온 사람에게 배를 줄이라고 했더니 '등 나온 것 보다는 낫다.'며 껄껄 웃었다. 키 154cm, 몸무게 43 kg의 남자가 있다. 자신의 몸에 불만과 콤플렉스가 있었는데 어느 날, 내가 작은 것이 아니라 남이 크다. 내가 가벼운 게 아니라 남이 무겁다 생각하니 별게 아니더라고 했다.

<검경>이라는 별명을 가진 직원이 있었다. 검은 안경을 줄여 한 말인데 사사건건 모든 일에 부정을 했다. 기획실도 아니고 거의 비슷한 일상적인 일은 하는 자재부 인지라 특별한 일은 없었지만 업무적이든 부서 단합대회든 무슨 일이나 "그것은 안 돼."였고 일이 안 풀리면 "그것 봐."라다. 어떤 급한 일이 있었을 때 직원들에게 결론을 미리 얘기하고 토론과 의견 묻는 것을 생략한 채 "찬성 46명, 반대 1명. 이의 없나?"라고 회의를 2분도 안되어 끝낸 일도 있다. 입사 동기들은 중견 과장이 되었는데 그는 10년 넘도록 늘 대리 직급에 머물렀다. 회사 규모가 커서 그렇지 작은 회사였다면 오래 전에 잘렸을 것이다. 누구의 간섭도 받지 않는 서류 정리 등 혼자 하는 쉬운 일을 맡겼었다. 그렇게 별명처럼 검은 안경을 쓰고 사니 늘 상을 찌푸리고 어두운 표정을 안고 다녔다. 본인은 물론이고 그 가족이 딱하다는 생각을 지울 수가 없었다.

어느 사람이 쓴 생활수기를 읽었다. 목재 사업을 하다가 부도가 났는데 목재는 거래 단위가 크고 거래 금액이 커서 몇 개의 부도를 맞다 보니 연쇄부도로 이어졌는데 본인 재산은 다 달아나고 은행과

사채로 얻은 돈에서 헤어날 길이 없었다고 했다. 집이 차압당하는 날 아내는 애들과 가출하고 노숙자로 전락하였는데 절망과 좌절로 하루에도 몇 번 씩 자살 충동을 억제할 수 없었다고 했다. 하루는 마음을 모질게 잡고 자살을 하려고 산으로 가는 길인데 지팡이로 두드리며 어렵게 걸음을 옮기는 장님이 환한 미소를 잃지 않고 행복이 넘쳐나는 표정으로 걷는 모습을 한참 바라보다가 마음을 바꾸어, 죽기 살기로 살아서 지금은 더 큰 목재상을 하고 있고 가족들도 다시 모여 살고 있다고 했다. 상황은 달라도 비슷한 유형의 사람들이 많이 있음을 알고 있다. 우연히 본 한 장면, 무심히 던진 누구의 말 한마디, 어쩌다 읽은 한 줄의 글이 나를 다른 길로 인도할 수 있는 것이다.

동전의 앞면과 뒷면은 다르다. 네모난 성냥갑은 면마다 모양과 그림이 다르다. 어느 면을 보느냐에 따라 상황이 달라질 수 있다. 생각 하나, 마음 한 조각에 따라 현실을 보는 눈이 다르고 세상을 보는 눈이 다르고 나 자신을 바라보는 눈이 다른 것이다. 다시 말하면 무슨 안경을 끼고 살아가는가의 문제인 것이다.

나는 지금 무슨 안경을 쓰고 있나? 컴퍼스로 그린 듯한 둥그런 안경에 검은 색을 칠하고 옛사람의 눈으로, 옛날 사고방식으로, 지나가 버린 과거에 발이 묶인 채 나와 사물을 보고 있지는 않은가?(*)

체면

"벗어 던져야 해. 홀딱 벗을 각오만 되어 있으면 반은 성공한 셈이지. 나이 40에 재벌 그룹의 이사를 했고 퇴직 후 회사를 경영하고 있는 자네 같은 사람은 더 모질게 던져야 해. 말처럼 쉬운 일은 아니지. 하지만 눈높이만 낮추면 문은 활짝 열려있는 나라야."

이민을 신청한 후 현지 실정을 볼 겸 캐나다 땅을 처음 밟았을 때 오래 전에 이민 온 옛 직장 선배가 한 말이다. 그는 이민 온 후 여러 직업을 전전 하다가 지금은 토론토 외곽에서 8년 째 편의점을 운영하고 있었다. 내가 대리 때 부장이었다. 회사가 구조 조정을 한다고 부서별로 감원할 인원을 통보하였을 때 자기 이름을 맨 위에 올려 놓은 사람이다. 사장이 극구 말리며 부서에 할당 된 감원 인원을 다섯 명에서 세 명으로 줄여 주었음에도 그 세 명 중에 자기를 넣고 스스로는 아무런 대책도 마련하지 않은 채 회사를 뛰쳐나간 사람이다. 그 때의 패기는 찾아보기 어려운, 온화한 초노의 신사가 되어 있었다. 기존의 것을 지닌 채는 아무 것도 할 수 없다는 말이 막연한 이론처럼 들렸다. 각오는 했지만 새로운 게임에 뛰어들기에는 고정 관념의 뿌리가 너무 깊고 견고했다. 자신이 무엇이었다는 것을 잊고 다시 시작하는 삶. 기존의 인식에서 벗어나는 삶. 그 것은 남을 의식하는 체면을 벗는 일이었다.

우리는 일상생활에서 <체면>이라는 말을 많이 한다.

"양반은 얼어 죽을지언정 곁불을 쬐지 않는다."

"체면이 말이 아니다."

"체면 좀 세워야겠다."

"체면을 차려라." 등 끝이 없을 정도인데 그만큼 우리는 체면을 중요시 했고 의식 깊숙이 간직하며 살고 있는 것이다.

<체면>은 한국 문화만의 독특한 현상은 아니다. 중국이나 일본 등 유교 문화권에서는 물론이고 모든 문화권에서 체면을 유지하고 세우려는 것은 세계적인 현상인데 한국은 그 정도가 특히 유별난 것이다. 생활 전반에 걸쳐서 체면에 신경을 쓰며 산다. 남의 이목을 끌 가능성이 있는 것이면 무엇이나 체면과 연관 짓지 않는 것이 없다. 체면이 손상당하는 것을 죽기보다 싫어하며 자신의 불이익을 감수하더라도 체면을 세우려 한다.

나는 군대 생활을 용산의 미8군에서 미군들과 함께 했다. 자연스럽게 그들의 생각과 문화를 접해보는 좋은 기회가 되었다. 상등병 한 명이 왔는데 계급에 맞지 않게 나이가 들어 보였다. 알아보니 그는 동두천에서 소령으로 근무하였다고 했다. 무슨 사고를 저질러 강등 된 줄 알았더니 연금 때문에 제대 즉시 상등병으로 다시 근무한다는 것이다. 군 복무 20년과 17년은 연금에 큰 차이가 있다나? 3년을 마저 채우려는 그를 눈여겨보았는데 장교였다는 티는 전혀

나타나지 않았다. 새까만 후배였을 소위나 중위에게도 깍듯이 경례를 했으며 동료들과도 스스럼없이 어울리는, 더도 덜도 아닌 상등병이었다. 지난날은 잊어야 한다는 토론토 선배의 말을 듣고 문득 떠오른 옛 얘기인데 당시에는 상당히 놀라운 일이었다. 몇몇 미군 장교들이 미군 부대 주변을 맴도는 밤거리 아가씨들과 정식으로 결혼하는 것을 보고 느낀 문화적 충격도 컸다. 한국 사람이라면 바로 그 체면 때문에 엄두를 내지 못했을 일이다.

체면을 중시 여기다 보면 허풍 떠는 것을 자주 보게 된다. 편의점 계산대 일을 하며 재벌급 회사의 회계 전체를 책임지고 있다하고 보따리 장사를 하면서 무역회사를 운영한다고 한다. 경조사에 형편에 어울리지 않는 큰 부조금을 내기도 하고 단간 방에 세 들어 살면서 고급 자동차를 타고 다닌다. 체면 때문에 허구와 사실, 겉치레와 실속의 경계를 잃고 결국은 자신을 해치고 때로는 다른 사람에게 피해를 입히기도 한다.

자기표현을 확실히 하지 못하고, 체면치레를 제대로 이해하지 못해서 생기는 해프닝도 자주 일어난다. 내 경우만 해도, 배가 고픈데 얼떨결에 방금 밥을 먹고 왔다고 말하여 쫄쫄 굶으면서 왜 한 번 더 권하지 않을까 눈치를 본 일이 있다. 차비를 꾸어달라는 말을 차마 하지 못 해서 두 시간을 걸은 일도 있다. 꽤 오래 전의 얘기들인데 성격 탓도 있지만 어려서부터 체면을 생각하였고 그런 사회에서 산 것이다. 체면은 차리되 허풍을 떨거나 지나친 체면치레로 고통을 감수하는 일은 없어야 할 텐데……

유학 온 고등학교 동기의 아들 내외와 저녁 식사를 하기로 했다.

<어디에서 무엇을 먹든 최소 백 불 이상은 써야 체면이 서겠지?>(*)

갈색 눈동자

<아름다운 갈색 눈동자>라는 노래가 많이 불리고 들릴 때가 있었다. 미국 pop song인데 부분부분 따라 부르기도 했다. 30년 전쯤의 일이니 50 대가 넘은 분들은 어렴풋이 기억이 날 것이다.

사랑하는 여인의 갈색 눈동자를 노래한 것이다. 사랑하는 여인의 눈동자만 아름다웠을까? 어느 것 하나 아름답지 않은 것이 없으랴만 역시 사랑을 가득 머금은 눈동자는 정말 아름다웠을 것이다. 가사의 내용으로 보아 어떤 사연으로 헤어졌기에 더 그립고 더 아쉽고 더 아름답게 기억되고 있을 것이기에 부드러우면서도 애절함과 하소연이 깔려 있는 노래다.

갈색 눈동자'하면 나에게 한 가지 얘기 거리가 있다.

7년 전 이던가? 9.11 테러 이후 캐나다에서 미국으로 갈 때의 규정이 바뀌었다. 시민권 카드나 운전면허증 등 캐나다 시민임을 인정하는 증명만 있어도 미국에 갈 수 있던 캐나다 사람들도 여권이 있어야 미국에 갈 수 있게 되었다. 많은 사람들이 갑자기 여권 신청을 하여 여권을 담당하는 창구에는 긴 줄이 끊이지 않고 이어졌다.

신청자가 많아서 여권 발급에 두 달이 걸린다는 안내원의 말에 당장 미국이나 다른 나라에 갈 일이 없었지만 여권 발급을 해 놓기로 했다. 급히 출국할 일이 생긴다면 두 달은 너무 긴 시간이다. 사실은 내 여권이 있는지 없는지도 몰랐다가 그 소란을 통해 여권이 없음을 확인하고는 잊기 전에 유비무환으로 발급 해 놓기로 했던 것이다.

신청서에 여러 가지를 기입하던 중에 '눈동자가 어떤 색이냐?'는 항목이 있었다. <내 눈동자가 무슨 색이지?"> 파란 색이 아닌 것은 분명한데 얼핏 갈색이라는 생각이 들어 주저함 없이 갈색이라 적었다.

여권이 나왔다. 그리고는 여권이 있다는 것만을 기억하고 있었다. 몇 달 후 우연히 여권을 보다가 신청 하던 날이 생각났고 그 때야 비로소 거울 앞에 서서 눈동자 색을 보았다. 까맣다. <저런!>. 껄껄 웃었다. 여권에 눈동자 색이 기재되어 있지는 않지만 출입국 직원이 보는 컴퓨터에는 기본 서류가 저장되어 있을 터이니 점점 까다로워지는 출입국 심사로 캐나다를 벗어나기도 힘들게 되었다.

이참에 다른 서류들도 확인해 보았다. 저런! 시민권 카드에는 버젓이 갈색으로 인쇄되어 있다. 꽤나 오래 전부터 착각하고 있었던 것이다.

고등학교 때 어느 선생님이 38선을 넘어 남으로 오다가 국군 경비대에 검거 되었다고 한다. 간첩이나 불순분자로 몰리면 즉결 처분을 당할 수도 있는 전시이기에 위험하고 아찔한 시간이었다. 이름을 물었는데 자기 이름이 생각나지 않았다고 했다. 그 다음 질문들은 제대로 대답 했는데 아무리 생각해도 이름이 생각나지 않았다고 했다. 열흘 이상을 굶으며 몇 번의 사선을 넘은 긴장감이 허탈감으로 바뀌어 잠시 넋이 빠졌던 모양이다.

심사하는 국군 장교가 마음이 넓은 사람이었던지 심사 후, 대기실에 모여 있는 피난민들 앞에 그를 세우고 이 사람을 아는 사람이 있느냐고 물어서야 심사에 통과 되었는데 그를 안다고 나선 중학교 동창이 자기 이름을 알려 주었을 때도 그 이름이 생소하게 들리더라고 하여 우리 모두가 한참 웃은 일이 있다.

그런 극한 상황에서는 그럴 수가 있다 해도 내 눈동자 색도 모른 채 이제껏 살아온 나 스스로는 다시 생각해 보아도 어이가 없다. 나와 내 주위의 많은 것들을 겉핥기로 보며 무심히 살아온 것이다.

누구나 지난날을 돌아보면 한두 가지 실수가 있을 테지만 나의 경우는 실수의 연속이었다 해도 과언이 아니다. 유시화 시인은 <지금 알고 있는 것을 그 때 알았더라면>하며 가슴을 치는데 나에게는 그런 일이 한두 가지가 아닌 것에 문제가 있다. 비교적 최근의 실수는 완벽하지는 않아도 대충 수습할 수 있다 해도 오래된 실수는 어찌할 방법이 없다.

30, 40년 전에 일으킨 실수를 이제야 깨달을 때가 있다. 일상에 묻어 대수롭지 않게 넘긴 일이 올무가 되어 지금까지 어떤 영향을 받는 경우도 있다. 그런 일이 어쩌다 사람과 연관된 것이기에 돌아보면 세상을 떠났거나 지금은 어디에 사는지도 모르는 사람이 대부분이다. 안부를 물으면 "별일 없다."로 쉽게 넘긴 일상인데 얼마나 많은 별일들 속을 무심하게 걸어 왔는가를 알고는 속이 쓰리다.

사람은 물론 사물의 가치를 얘기할 때 좀 더 신중해 지리라 생각하는 계기가 되었으니 많은 것을 가르치고 일 깨워 준 고마운 실수라 생각된다.

정당한 절차를 밟아 갈색을 까만색으로 고쳐 놓아야 하겠다.

다시 거울 앞에서 새삼스럽게 눈동자를 자세히 본다.
까만색도 아니고 갈색도 아니고 흐리멍텅하다.

<맙소사.>(*)

올 가을에는

올 가을에는 옛날 일기장을 찾아 읽겠습니다.
웃기도 하고 아쉬워하기도 하겠습니다.
그날, 그때의 느낌을 되짚어 보겠습니다.
일기가 건너뛴 날들에는 도대체 무엇을 하였는가를 곰곰이 생각해 보겠습니다.

올 가을에는 묵은 사진첩을 넘겨보겠습니다.
한 사람 한 사람을 오래도록 바라보고 있겠습니다.
한 장면 한 장면을 기억해 내겠습니다.
얼굴도 이름도 잊은 사람이 있으면 잠재의식까지 동원하여 누구인지 떠올려 보겠습니다.
백 년이 뭐 그리 길다고 훌쩍 떠나 버린 사람들을 생각해 보겠습니다.
그들이 즐겨 부르던 노래가 무엇이었는지도 더듬어 보겠습니다.

내 어린 날의 모습과 싱그럽던 날들을 아쉬워 해 보겠습니다.

흐르고 있는 세월을 손으로 만져 볼 수 있으면 더욱 좋겠습니다.

올 가을에는 낙엽을 많이 밟겠습니다.
낙엽을 따라 그냥 걷겠습니다.
그러다 누구라도 마주치면 눈인사하는 것을 잊지 않겠습니다.

올 가을에는 누군가에게 편지를 쓰겠습니다.
가장 아름다운 단어를 찾아 시처럼 아름다운 편지를 쓰겠습니다.
아름다운 말이 생각나지 않으면 하고 싶은 말을 이야기 형식으로 쓰겠습니다.
그것도 제대로 안 되면 백지를 바라보고만 있겠습니다.

CANADA의 EDMONTON 시에 EMILY MURPHY라는 공원이 있습니다.
사스케츄원 강이 옆으로 흐르고 큰 나무들이 많고 야외용 식탁이 알맞은 거리를 두고 여기저기 있으며 식탁마다 짝지은 듯이 바비큐 화로가 있는 공원입니다.

아주 조용합니다.
평일에는 더 조용합니다.
걷는 사람은 그냥 걷습니다.
뛰는 사람은 그냥 뜁니다.

자전거 탄 사람은 무심히 굴러갑니다.
도무지 주위 사람들에게 관심을 두지 않습니다.
혼자서 적당히 미치기에는 아주 좋은 공원입니다.

나는 그 공원을 참 좋아합니다.
일주일에 사흘은 갑니다.
삼십 분 정도 검도를 하고 잔디에 누웠다가 책을 읽다가 강 따라 이어진 산책로를 걷다가 다시 누워 하늘을 봅니다.
가끔은 빵이나 고기를 구워 먹기도 합니다.

올 가을에는 더 자주 가겠습니다.
매일 갈 생각입니다.
아무 생각도 하지 않고 검도하고 책 읽고 걷다 앉았다 누웠다 하겠습니다.
가져간 음식이 없어도 불을 피우겠습니다.
불꽃을 오래도록 보겠습니다.
연기를 마시겠습니다.
불꽃마저 마시겠습니다.

올 가을에는 창 앞에 보이는 큰 나무 밑에 의자 두 개를 놓아두겠습니다.
하나는 내 의자이고 또 하나는 당신의 자리입니다.

어쩌다 지나던 낙엽 한 잎이 잠시 내렸다 갈 뿐 당신이 보이지 않아도 섭섭해 하지 않을 것입니다
아픈 마음으로 빈 의자를 자주 바라보겠습니다.
좀 유치하고 감상적일지 모르나 가을은 그런 것까지도 용납되는 계절이라 생각합니다.(*)

6부
제자리

인사 청문회

한국 국회에도 대통령이 지명한 총리와 장관급 인사들의 업무 적격 여부를 검증하는 인사 청문회가 있다. 정치에 큰 관심은 없으나 청문회가 열릴 때에는 한국의 신문과 방송에서 매일 주요 뉴스로 다룸으로 자주 보았다. 그런데, 지난 몇 년 간 보았던 청문회와 너무나 비슷하다. 검증 대상자만 다를 뿐 분위기와 질문 내용, 답변이 판박이다.

위장전입, 세금 탈루, 부동산 투기, 병역 기피 소위 <청문회 4대 필수의혹>에 저촉되지 않은 지명자를 찾기 어렵다. 재산 신고 누락, 이권개입, 청탁, 논문표절, 뇌물수수까지 넣으면 백 퍼센트 범죄자들이다. 누구는 청문회를 "비리 백화점 같다."했고 누구는 "범죄 수법을 가르치는 교과서 같다."며 쓴 웃음을 지었다.

인사 검증 제도가 허술하다. 뚜렷한 원칙이 없다. 정부에는 인사위원회라는 것이 있고, 청와대 민정 비서실에는 <인재은행>이 있어서 각 방면 인재의 인적 사항을 자세히 조사해 놓고 있다고 한다. 그 인재은행에 등재되어 있는 사람이 오 천 명이라나? 법을 어긴 사실이 있으면 그 곳에서 걸러져야 하고 추천 자체를 하지 말았어야 했다. 그런데 지명된 사람마다 범법자다. 법에 걸리지 않은 사람이 아무도 없어서 일까? 아니면 그 정도 법을 위반한 사실이 없는, 융통성 없고 고지식한 사람은 나라의 큰일을 맡을 수 없는 졸장부로 따돌려 놓고 있어서 일까?

"너는 인재은행 명단에 들어 있냐?"

"당연히 안 들어 있지. 천만 명이면 모를까. 실력과 자질이 부족한 것은 둘째고 병역기피 등 4대 단골메뉴를 위반하지 않았으니 기본 자격 미달이야."

"천만 명? 그게 어디 인재은행이냐. 호구 조사지. 캐나다로 이민 온 것이 문제가 되겠구나."

"그것은 문제도 아니야. 적당히 둘러대면 돼."

"하긴 해외동포 참정권이 있으니 그렇기도 하겠다."

"나는 아직도 해외동포 참정권이 왜 생겼는지 모르겠어. 이민을 갔으면 그 나라 시민으로 열심히 사는 것이 결국은 한국에 도움을 주고 조국을 사랑하는 일이잖아? 지금도 해외 도처의 한인회가 내부적으로 조용하지 않다고 들었는데 참정권이 갖게 됨으로 앞으로는 더 맹렬히 편 가르기, 줄 대기, 물 타기하며 머리 터지게 싸우면서 교민 사회를 사분오열 시킬 것이 뻔 한데 왜 많은 예산을 들이며 긁어 부스럼을 만드는지 모르겠어."

"애기가 곁길로 빠졌는데 다시 청문회로 돌아가자."

많은 지명자가 위반한 위장 전입만 보아도 주민 등록 법에 따르면 3년 이하의 징역과 천 만 원 이하의 벌금형이다. 임명은 고사하고 교도소로 보내야 정의가 서고 나라의 기강이 설 것이다. 명백한 실정법 위반인대도 사회적 합의라는 엉뚱한 논리를 내세운다. 사회적 합의? 누가, 언제 그런 합의를 했지?

　가족들이 청문회 뉴스나 기사를 보고 있으면 두렵다.

　눈이 마주치면 무섭다. 이렇게 묻는 것 같다.

　"……그래서 장관 후보에 오른 적이 있느냐?"

　"……그래서 보따리 둘러메고 비행기 탔느냐?"

　공정성이 파괴되면 사회가 파괴된다. 사회적 신분 상승, 자리, 권력, 기득권, 세속화에 길들이고 맛들이면 분별력이 없어지고 상식과 사회적 책임 개념이 없어진다. 뉘우치고 깨닫는 재미도 없어진다.

　물과 피는 흘러야 맑아진다. 흐르지 않고 고여 있으면 썩는다.

　힘이 없거나 가난한 자가 못 사는 세상은 권력자와 부자도 못 살게 된다.

　기본적인 도덕 수준이 형편없으니 전문 지식, 업무 수행 능력, 통솔력, 책임감, 앞날을 보는 안목은 검증 순위가 아예 저 밑에 있다. 야당은 적격 부적격을 설득력 있게 보여 주지 못하고 흠집 찾기에만 열심이다. 지명자들은 통과 절차로 생각하며 청문회만 적당히 넘기면 된다고 시계를 자주 본다. . 정부와 여당은 여론이야 어떻든 자존심과 연관 지으며 감싸는 것이 기본자세다.

　바뀌어야 한다. 그들만의 쇼, 그들만의 잔치가 아니기 때문이다. 이런 청문회를 왜 하는지 모르겠다고 생각했으나 이런 청문회라도 계속 이어져서 공직과 사회의 각 분야가 점점 바르게 자리 잡아 가고 청문회를 보는 국민들이 고개를 끄덕이는 날이 오기는 올 것이다.

영국의 콜린 클라크는 "정치가는 다음 세대를 생각하고 정치꾼은 다음 선거를 생각 한다"고 했다. 프랑스의 대통령이었던 조르주 퐁피두는 "정치가는 나라를 위해 자신을 바치고 정치꾼은 자신을 위해 나라를 이용 한다"고 했지? 영국과 프랑스 뿐 아니라 어느 나라의 꾼들도 새겨들어야 할 말이다.

의인 열 명이 없어서 소돔과 고무라는 망했다. 지금 나라가 유지되고 발전하는 것은 국무위원들이 유능해서가 아니다. 종교와 학력과 지역에 관계없이 자신을 내 세우지 않고 소리 없이 나라를 위해 기도하는 의인들이 있기 때문이다. 인재은행의 오천 명에는 들어 있지 않지만 의인 오만 명에는 들어가서 한국을 위해 기도를 드려야 하겠다.(*)

주춧돌

주춧돌은 건물의 기초를 튼튼히 하기 위해 기둥 밑에 괴는 돌이다. 굳이 성경을 들먹이지 않아도 모래 위에 세운 집과 반석 위에 세운 집의 미래는 뻔하다. 주춧돌의 크기에 따라 큰 집과 작은 집을 짓게 되며 든든한 주춧돌을 심고 세운 집은 튼실하여 주춧돌을 놓은 사람이 상상한 이상으로 멋지고 아름다운 건물을 세울 수 있을 것이다. 오늘은 지극히 당연한 말을 길게 늘어놓는다. 참 싱겁고 골치 아픈 사람이다.

건물뿐이 아니다. 교육과 제도와 관습으로 단단한 주춧돌을 놓은 사회의 앞날은 탄탄하고 밝을 것이지만 매일 접하고 보는 뉴스에는 별별 나쁜 소식이 가득 들어 있다.

지구 곳곳에서 일어나고 있는 사고와 사건도 많은데 마음을 그곳에 많이 두고 있어서인지 한국 뉴스를 보는 마음은 편하지가 않다.

살인, 강도, 절도, 불량식품, 사기, 폭행, 강간, 유괴, 횡령, 패거리, 음해, 자연재해 등 그런 사회 속에서 살아가는 사람들이 용하다는 생각이 들 정도다.

〈한국을 움직이는 100인〉이라는 책이 있다. 내 얕은 식견으로 보아도 그 자신만의 부와 명예와 권력을 위해 살아 온 사람들이 여러 명 실려 있어서 눈을 거슬리게 하며 더러는 내 놓을 정도로 지탄의 대상이 되는 사람들도 있다. 그러나 다시 생각해 보면 희망을 갖게 된다. 한국 인구 오 천 만 명 중에 좋지 않은 일을 생각하고 실행하는 사람들은 극히 일부분인 것이다 아마 0.01%도 되지 않을 것이다. 대부분의 사람들은 조용히 일상생활을 하는 중에 이웃을 배려하면서 주위를 따뜻하게 하거나 밝게 만들며 살고 있다. 상대가 누구이든 또 반응이 어떤지에 상관하지 않고 마음에서 울어나 오는 따뜻한 마음을 기쁨으로 전하며 살고 있는 것이다. 사실은 그런 사람들이 나라의 주인이다. 그들은 나라 곳곳에 주춧돌을 놓으면서 그 자신이 든든한 주춧돌이 되는 것이다.

　어쨌든, 미담이 많이 그리운 요즈음이다. 누가 썼는지는 모르겠으나 여기 좋은 주춧돌의 예가 있기에 글을 그대로 옮긴다.

<u>밥 할매</u> (옮긴 글)
"여보, 오늘 저녁에는 누룽지를 끓이지."
　남편의 말을 들으며 눌러놓은 밥을 물에 부으려는데 문득 십 년도 넘게 지난 옛일이 떠올랐습니다.
　집이 시골이었던 저는 고등학교 3년 내내 자취를 하였습니다. 월말 쯤, 집에서 보내온 돈이 떨어지면 라면으로 저녁을 해결하곤 했습니다. 그러다 지겨우면 학교 앞 〈밥 할매〉 집에서 밥을 사 먹었습니다.

<밥 할매> 집에는 언제나 시커먼 가마솥에 누룽지가 부글부글 끓고 있었습니다. 할머니는 이렇게 말씀 하셨습니다.

"오늘도 밥을 태워 누룽지가 많네. 배가 안 차면 실컷 퍼다 먹거래이. 이놈의 밥은 왜 이리도 타누."

저는 늘 친구와 밥 한 공기를 달랑 시켜놓고 누룽지 두 그릇을 거뜬히 비웠습니다.

그런데 하루는 깜짝 놀랐습니다. 할머니가 너무 늙으신 탓인지 거스름돈을 원래 드린 돈보다 더 많이 내 주시는 것이었어요.

"돈도 없는데 잘 됐다. 이번 한 번만 그냥 눈감고 넘어가자. 할머니는 나보다 돈이 많으니까."

그렇게 한 번 두 번을 미루다가 할머니의 서툰 셈이 계속되자 저 역시 당연한 것처럼 주머니에 잔돈을 받아 넣었습니다.

그러기를 몇 달, 어느 날 <밥 할매> 집에는 셔터가 내려졌고 내려진 셔터는 다시 올라가지 않았습니다.

며칠 후 학급 조례 시간이었습니다. 선생님이 심각한 얼굴로 교단에 오르시더니 단호한 목소리로 말씀하셨습니다.

"모두 눈 감아라. 학교 앞 <밥 할매> 집에서 음식 먹고 거스름 돈 잘 못 받은 사람은 손들어라."

순간 나는 뜨끔했으나 머뭇거리며 손을 들었습니다.

"많기도 많네. 이렇게 많아?"

선생님은 침울한 얼굴로 말씀하셨습니다.

"<밥 할매> 집 할머니가 돌아가셨다. 할머니께서 아들에게 남기신 유언장에는 할머니의 전 재산을 우리 학교에 장학금으로 내 놓으셨다. 그리고..."

"그 아들에게서 들은 얘기인데 거스름돈은 자취를 하거나 돈이 없어 보이는 학생들에게 일부러 더 주셨다더라. 그리고... 새벽부터 일어나 그날 끓일 누룽지를 위해 밥을 일부러 태우셨다는구나. 그래야 애들이 마음 편하게 먹는다고..."

그날 학교를 마치고 나오는데 <밥 할매> 집 간판이 유난히 크게 들어 왔습니다. 나는 굳게 닫힌 셔터 앞에서 소리 죽여 울고 말았습니다.

"할머니 죄송해요. 정말 죄송합니다.

할머니가 만들어 주신 누룽지가 세상에서 제일 맛있었어요." (*)

가치관

<43세의 A대학 체육과 백인 남자 교수가 교통사고로 사망 했다>는 뉴스가 있었다. 누가 세상을 떠났다는 소식은 숙연하게 만들지만 위의 뉴스에서 당신이 제일 아깝게 생각 하는 것은 무엇입니까?

젊음 (43세)?

건강 (체육과 교수)?

백인?

남자?

교수?

한 개 또는 그 이상을 아까워하는 사람이 있을 것이고 "그것 보다는 이것이 더 아깝다."고 우기는 사람도 있을 것이다. 자라온 배경과 걸림돌이 되었던 것, 현재의 상황, 앞날에 대한 꿈 등에 따라 자기만의 가치관이 생기고 그러다보니 다른 사람들과 가치관이 서로 다른 것이다. 개인, 가정, 사회의 가치관이 무엇인가에 따라 그 개인, 가정, 사회의 미래를 대충이나마 그려 볼 수 있다. 그러기에 가치관이 중요하며 특히 청소년의 가치관을 유심히 보게 되는 것이다.

흥사단이 초·중·고교생 각각 2000명을 대상으로 조사한 설문에서 고교생 44%가 <10억 원이 생긴다면 1년간 감옥행도 감수하겠다.>고 대답했다. 또 다른 질문. <남의 물건을 주워서 내가 가져도 괜찮을까?> 고등학생 62%, 중학생 51%, 초등학생 36%가 "그렇다"고 대답했다. 고등학생들에게만 물었다. <장래의 결혼 조건은?> 돈, 외모, 학력 순으로 나왔고 그 밑에 성격, 건강, 종교가 있었다. 한국의 이혼율이 세계에서 최 상위권에 들어 있는 근본 이유를 알 듯하다.

경상북도의 중학교 교사가 작년 가을에 겪은 일이다. 급식 시간에 새치기하는 학생에게 "줄을 서라"고 말하자 "×같네. 뭐요?"라며 눈을 부라렸다. 경기도의 중학교 도덕 교사가 털어놨다. "입시 과목과 상관없는 도덕 교사는 조롱거리예요."

한국교총이 2011년 10월 수도권의 중·고생 4명에게 소형 녹음기를 달게 하고 4시간 동안 주고받은 말을 들어 보았다. 그 결과 학생들은 75초에 한 번씩 욕을 하는 것으로 조사됐다. 이런 학생들에게 찌르찌르 미찌르의 파랑새 얘기가 감동을 줄 리가 없다.

우리는 그동안 학생들의 높은 학력과 학업성취도에 열광해 왔다. 3~4년 주기로 발표되는 PISA(국제 학업성취도 평가)와 수학·과학 성취도를 국제적으로 비교 연구 하는 TIMSS에서 한국 학생들은 늘 세계 1·2위를 다투는 최상위권이다. 하지만 그 '영광의 성적표'가 반드시 대한민국의 미래를 밝게 비추는 것은 아니다. 초등학생도 12%가 "10억을 위해서라면 감옥에 갈 수 있다"고 대답하는 현실이다.

어느 여론 조사 기관의 조사에 의하면 직장인이 친척들 앞에서 가장 많이 하는 거짓말의 1위가 월급 부풀려 말하기이고 2위가 자기 직장을 과대평가하여 장래가 밝은 좋은 직장에 다닌다는 것을 과시한다는 것이다. 일확천금을 기대하며 카지노, 화투 등 도박으로 빚더미에 앉은 사람들의 얘기와 주식과 복권에 빠져 재산을 탕진한 사람의 얘기도 많이 듣고 보았다.

돈돈돈, 어디서나 돈이다.

어느 날 몇몇이 앉아 한담을 나누다가 돈이 많으면 어느 나라에서 사는 게 좋으냐는 것이 주제에 올랐다. 캐나다, 한국, 태국, 미국... 참 많은 나라의 이름이 올랐는데 결론은 쉽게 나왔다. 돈이 많으면 어느 나라에서도 환영받고 잘 산다는 것이다.

너무 비관적으로 세상을 보고 있지 않느냐는 질문을 받을 수 있다. 나의 본심은 사실 그 것이 아니다. 설문에 답한 학생이 전체 학생을 대표할 수 없고 사건과 사고를 주로 다루는 뉴스의 특성상 세상의 진심을 모를 수가 있다. 2050년에는 미국 등 지금의 세계 강국을 앞질러서 한국이 세계의 주인이 된다는 미국 신문 기사를 본 적이 있다. 실현되기 바라지만 어쨌든 기분 좋은 기사임에는 틀림없다. 그런 나라의 지금 또 앞날을 이어 갈 학생들에게 애정이 넘친 관심과 우려를 보낼 뿐이다.

국립대학 학장 자리를 거절하고 중국 소도시에 한글학교를 세운 사람, 병원장을 사양하고 아프리카로 의료 봉사를 나선 사람, 부장

판사를 사직하고 이스람 국가에 선교사로 나간 사람도 있다. 대기업의 부사장을 명예퇴직하고 한국 고유 식물을 연구하고 있는 사람, 교수직을 떠나 그림 그리는데 전념하는 사람, 세상 적으로는 장래가 밝은 현실을 떠나 도자기를 굽거나 재래식 유기그릇 만들기에 힘을 쏟는 사람도 있고 별을 관측하는 사람, 조선종이 만드는 일에 푹 빠져 있는 사람도 알고 있다. 남들이 부러워하는 많은 것을 포기하고 머리 깎고 산으로 들어간 사람 애기도 들었다. 이런 사람들처럼 사는 것이 옳다는 것이 아니다. 이런 사람들도 있다는 것이다.

다시 말하지만 돈은 필요하다. 필요하니 갖고 있어야 한다. 살아가는데 중요한 역할을 한다. 그러나 100년도 머물지 못하는 세상에서 어쩌면 돈 보다 더 중요한 것이 있지 않은가를 한 번 쯤 생각해 보자는 것이다.

몇 가지를 묻습니다.

처음 누구를 만났을 때 부동산은 얼마나 갖고 있고 무슨 차를 타고 다니는지를 살피지 않습니까?

과거에 어떤 자리 있었는지 알아보지 않습니까?

학벌과 고향을 묻지 않았습니까?

다시 묻습니다.

대답하지 않으셔도 좋습니다. 혼자만 알고 계시면 됩니다.

<당신은 지금 어느 것에 최고의 가치를 두고 살고 계십니까?>(*)

나라의 어른

태국에서 반정부 시위를 하는 모습이 격렬하게 비친다. 몇 년 전에는 국제 회의가 취소되고 각국 수반들이 쫓기 듯 달아날 정도였으니 그 자체만으로도 좋은 화제 거리가 되었지만 국제적으로는 망신을 톡톡히 당했다. 화염병이 나르고 버스를 태우는 등 부분 부분 태국인의 직선적이고 다혈질적인 모습도 보인다.

1970년대 중반부터 10여 년 간 중동 국가들에 건설 붐이 불어 한국의 많은 건설 회사들이 진출해 있었다. 그 덕에 나도 5년간 그곳에서 생활 했다. 초기에는 한국 노무자들로만 공사가 진행되었으나 80년대에 들어서며 인력 조달의 어려움과 싼 임금을 찾는 일이 겹쳐 제3국 노무자를 많이 고용하였다. 주로 예멘, 파키스탄, 인도, 방글라데시, 스리랑카, 필리핀, 태국에서 온 노무자들이었다. 어떤 때는 그 숫자가 1500명을 넘어 간부회의에서 공정에 대한 애기보다 노무관리에 대한 애기를 더 많이 할 때가 있었다. 일반적으로, 감독자가 보이지 않으면 꾀를 부리는 것은 자연스런 일일 수도 있는데 그 정도가 심했다. 적지 않은 외국인 노동자는 먹지 못하고 자라서 기운이 없다며 엄살을 부리고 혼자 들을 수 있는 것을 둘이,

둘이 들 것을 넷이 애처로운 표정을 지으며 들었다. 노예근성에 거지근성까지 보였다.

그러나 태국인들은 달랐다. 개인적, 민족적, 국가적 자존심이 대단했다. 미리 합의한 공정에서 뒤처져 있다고 지적하면 추가 수당 요구 없이 밤을 새워서라도 일을 마치었다. 개인적이나 특히 국가적으로 모욕을 받았다고 생각할 때는 최소한 노무 부장이 사과를 하지 않으면 꿈쩍도 안했다. 때로는 현장 소장이 해명하며 사과하기도 했다. 태국 본토를 어느 다른 나라가 지배한 적이 없는 강한 민족임을 강조하며 자랑스러워했다. 그들은 선량하고 순박하고 성실 했다.

태국에는 나라의 어른이 존재하고 있다. 왕이다. 무척 존경받고 있었으며 왕이 직접 국정에 참여하지는 않으나 그들 뒤에 왕이 있다는 사실만으로도 든든하게 생각하고 있었다. 사망자가 나오는 격렬한 시위가 많이 있었지만 왕이 "이제 그만하면 됐다."하면 시위는 그쳤다. 군사 쿠데타가 잦은 나라인데 왕이 승인을 하지 않으면 쿠데타 군이 탱크를 몰고 돌아가는 나라이기도 하다.

태국에서는 지금도 시위가 한창이다. 꽤나 오래 계속 되고 있다. 알고 보면 정치 세력 간의 싸움이지만 점점 과열되고 과격해 지는 양상이다. 왕도 이제는 지쳤나? 아직 판단이 서지 않았나? 왕권에 도전 받을까 망설이고 있나? 아직은 아무 말도 없다. 그러나 머지않아 대 국민 성명을 발표할 것이고 시위는 사그라질 것이라 생각 한다.

입헌 군주제나 군주제에 찬성하는 것은 아니나 그 제도를 택하고 있는 영국과 일본, 유럽의 몇 나라들과 몇몇 아시아 국가 국민들에게 기댈 언덕이 있다는 것은 국민 단합에 구심점이 될 수도 있을 것이다.

한국에는 교도소 밥을 먹은 대통령과 그 가족이 여러 명 있다. 소설이 아니라 실제 상황이다. 퇴임 후에도 충분한 생활비를 주고 몇 명의 비서 등 국가 차원에서 여러 가지 지원을 해 주고 있는데 무엇이 부족하여 욕심을 부리는지 나 같은 소시민은 도대체 이해가 가지 않는다.

관공서 정문마다 <정의사회 구현>을 붙였던 대통령과 <믿어주세요.>를 연발하던 대통령이 교도소 생활을 했고 그 뒤의 두 대통령은 균형을 맞추려는 듯 아들들이 교도소에 갔다. 전직 대통령들이 시국 현안에 대해 입을 열면 귀를 기울여 듣기 보다는 "이제 그만 닥쳐."하는 지경까지 왔다. 나라의 어른을 대통령들 중에서 찾아야 하는 것은 아니지만 우선 떠올려 짐은 어쩔 수 없기에 배신감과 허탈감이 더 큰 것이다. 도무지 기댈 언덕이 없고 다리 뻗고 쉴 그늘이 없고 우러러 볼 별이 없다.

퇴임 후 동네 아이들과 공놀이 하는 대통령, 시외버스에 앉아 있는 모습이 창문으로 보이는 대통령, 사진만 봐도 훈훈함을 느끼게 되는 대통령을 만날 수는 없을까? 그런 기대를 하는 자체가 우리에게는 사치인가?(*)

제자리

엊그제 서울에 있는 친구와 장시간 통화를 하였다. 교수로 32년간 근무하다 정년퇴직 후 명예 교수로 출강 하는데 그의 전공 분야에서는 꽤 인정받고 있는 친구다.

그 학회에 잡음과 말썽이 많아서 회원들이, 무게감이 있고 대인 관계가 좋은 그 친구를 임시 중재자로 떠밀어 올려 십여 년 전에 맡았던 학회장 자리에 다시 앉았는데 여간 골치 아픈 것이 아니라고 하소연이 길었다. 무슨 일을 하려 하면 출신 대학 별로, 지방별로 편을 갈라 험악한 꼴을 보이니 외부 사람들이 알까 창피한 정도이고 전임회장은 재임 시에는 고위 정치인들을 만나고 TV와 신문에 얼굴 비치는 것 외에는 아무 일도 안 한 사람이 사사건건 시비를 걸고 늘어져서 분통이 터진다고 했다. 나에게 명쾌한 해결 방안이 있을 리 없고 그럴 처지도 아니라 그저 들어 주는 것만으로도 어느 정도 응어리가 풀렸으면 좋겠다.

천 명의 군인을 집합시키는 대는 2분이면 충분하고 백 명의 회사 직원을 부서별로 집합 시키는 대는 10분이면 되는데 열 명의 교수를 일렬로 세우는 대는 30분도 모자란다는 말을 TV 대담 프로에서 듣고 웃은 적이 있다.

　교수들을 비난하려는 것이 아니다. 최고의 지성이라는 교수들만은 전문 학술 분야 뿐 아니라 일반 사회생활에서도 모범을 보였으면 하는 아쉬움이 크기 때문이다.

　곳곳에서 비슷한 예를 많이 본다. 어느 자리를 제안 받으면 어떤 일을 하느냐를 묻기에 앞서 어떤 역할을 하느냐와 그곳에서 서열은 몇 번째 인가를 먼저 알아본다. 경쟁과 갈등이 시작 되는 것인데 소유욕과 명예욕이 함께하는 인간의 본성으로 치부하기에는 그 병폐가 너무 깊다.

　단체장이 아니면 아예 활동을 하지 않으려 한다. 은근히 자신의 세력과 힘을 과시하니 그가 가는 어느 단체에서든 별로 반가워하지 않는다. 화합하지 못하고 분란과 말썽을 일으키기 때문이다. 그런 사람일수록 무엇이 공적이고 무엇이 사적인지 구분을 못하며 제 할 일 보다 옆 사람 간섭 하는 일을 많이 하고 몇 번씩 연임을 시도하면서 내가 아니면 안 된다는 못나고 완고한 생각을 갖고 내려놓기를 거부 한다.

　아무도 소외 되지 않으며 하나의 의견을 매는 일은 쉽지 않지만 민주적이면서 합리적이고 미래 지향적으로 운영해야 함을 알면서도 자신이 옳다는 편견을 버리지 못하고 시대의 정의와 진리를 알면서도 자신의 이익 챙기고 편 가르기에 앞장선다.

　한국에서 공장을 운영할 때의 일이다. 창고가 좁아 빈 터를 임대하여 야적장을 만들었다. 관리사무실로 컨테이너를 사용하였는데 주문하여 새로 만든 것이라 깨끗하고 반듯 했다. 구청 직원은 미등록이며 미관을 해치는 시설물이라 당장 치우지 않으면 벌금은 물론이고 행정 처분하겠다고 으름장을 놓았다. 해결 방법을 물으니 특별히 배려하겠다며 선심을 썼다. 지게차를 빌려 컨테이너를 든 다음 사진 찍고 나서 다시 그 자리에 놓으라는 것이다. 배려(?)의 대가까지 망설임 없이 구체적으로 제시 했다. 그의 보고서에는 컨테이너가 치워진 빈 터의 사진이 올라 있었을 것이다.

  소방 점검을 나온 소방관은 공장에 들어가지도 않고 쥐여 주는 봉투만 받고 돌아갔다. 아니면 공장 가동을 중단시키고 이것저것 까탈을 부리니 부정에 동조한 공범자가 되었지만, 기계들을 몇 시간 세우는 것 보다 싸고 승산이 뻔한 싸움이었기 때문이다. 20년 전의 일이니 <그런 때도 있었구나.> 라고 이제는 하나의 전설로 남아 있기를 바란다.

  나는 중동에 공사 현장이 많은 건설 회사 자재부에서 근무했기에 여러 나라를 방문할 기회가 있었다. 발주한 자재의 생산 진행과 품질 확인, 납품일을 조정하는 단순 출장이었지만 때로는 공장에 며칠씩 머문 적도 있다. 그때 그 나라 관련 공무원들이 공장을 대하는 자세는 인상적이었다. 특히 싱가포르와 일본의 공무원들은 말 그대로 공무원이었다. 애로점을 물으며 전문 학자를 연결해 주었고 필요한 시설을 설치하는 비용은 담당 공무원이 알선하여 정부가 무상으로 대여해 주든지 무이자로 대출을 받게 해 주었다.

  한국에서 다른 모습의 공무원을 맞대고 보니 화가 나는 정도를 넘어 몹시도 울적 했다. 경쟁이 심한 국제 사회에서 매국노적인 극히 일부 공무원들을 볼 때마다 <이걸 어쩌나.>하는 생각이 떠나지 않았다. 말단 공무원에게 주어진 하찮은 권한을 최대한으로 악용하여 개인의 이득을 취하는 일부 공무원들로 인해 비용 부담도 컸고 마음고생도 많았다.

그때 고등학교 2년 선배 되는 분이 시장에 당선되었다. 고맙게도 국장, 과장과 함께 내 공장을 방문 했다. 그 후 공무원들이 나를 대하는 태도가 확 달라졌다. 친절해졌고 무엇 도와 줄 일이 없느냐고 은근히 물었다. 무엇보다 수시로 찾아오는 일이 없어 진 것 하나만으로도 고맙고 감사했다.

시장을 안다는 것 하나만으로도 관련 공무원들이 알아서 모시는 풍토이니 대통령을 개인적으로 잘 안다면 그 정도가 어떠하겠는가. 아무리 깨끗 하려 해도 5년간 최대한으로 이용하려는 인척과 측근 때문에 퇴임 후 먹칠 하는 일은 쉽게 근절되지 않을지도 모른다.

비행기는 하늘에 떠 있을 때 아름답지 비행장에서 견인차에 끌려가는 꼴은 우스꽝스럽기까지 하다. 사람이나 기계나 어떤 물건이든 제자리에서 제 역할을 하고 있을 때 든든하고 아름답게 보인다. 학생은 학생으로, 교사는 교사로, 공무원은 공무원으로, 주부는 주부로, 농부는 농부로, 직장인은 직장인으로 모두 제자리로 돌아간다면 세상이 한층 건강해 질 것이다.

이 일은 세계에서 내가 제일 잘한다는 자부심을 갖고 제자리에서 내가 하고 있는 일에 흠뻑 미쳐 보자. 파브르는 곤충에 미쳐 있었고 베토벤은 악보에, 김홍도는 그림에, 에디슨은 발명에, 김정호는 지도에 미쳐있지 않았는가. 그리고 옆자리에 있는 모든 것들을 그대로 인정하며 때로는 격려의 박수를 보내주자.

  새는 하늘을 날고 원숭이는 나무를 타고 개미는 땅을 긴다.
  매미는 맴맴 울고 사자는 어흥하며 개는 멍멍한다.
  게는 옆으로 걷고 사람은 앞으로 걷는다.
  꽃은 스스로 향기를 풍기려 하지 않고 오직 꽃을 피우려 힘쓸 뿐이다.
  샘은 스스로 강이 되고자 하지 않고 오직 물을 솟아 내려 힘쓸 뿐이다.(*)

국방의 의무

내가 병역 기피자로 수배 된 적이 있다. 어차피 그 해에 영장이 나올 것이기에 병무청에 확인하였더니 5개월 뒤로 입대일이 잡혀 있어서 공백을 없애려고 휴학 후 자원입대 했다.

입대 8 개월 쯤 지났을까? 기피자 본인이 직접 경찰서에 출두하라는 공문을 받고 동생이 대신 경찰서에 가서 입대일과 복무 하고 있는 부대를 알려 주었다고 했다. 한 달 후 그 건으로 경찰이 집에 왔었다는 연락을 받고 군복을 입은 채 경찰서에 갔다. 미안하다는 얘기를 듣고 나왔다.

그 후 부대 행정실에서 전화가 왔다. 병역 기피자로 수배 중이라고 하여 복무 확인서를 보내 주었으니 알고나 있으란다. 제대를 앞두고 김신조가 넘어오는 바람에 몇 개월 더 복무하여 36 개월 만에 군복을 벗었다.

어느 날 집으로 경찰 두 명이 왔다. 본인임을 확인하고는 수갑을 꺼냈다. 어이없고 화가 나서 제대증을 찾아들고 함께 경찰서에 갔다.

그간 있었던 일들을 항의조로 말하였더니 담당자와 그의 상관인 경위가 문 밖까지 나오며 미안하다고 했다. 경위가 혼자 중얼거렸다. "구청 놈들 하는 짓이 다 그렇지 뭐!". 내친김에 구청에 갔다. 경찰서에서와 거의 같은 절차를 거쳤다. "그 놈 한 일이 다 그렇지 뭐!" 전임자를 말한 것이지만 뒤집어씌우는 것도 같았고 다시는 그런 일이 없을 것이라고 다짐을 하는 것도 똑 같았다. 그 때의 생각은 <무슨 행정이 이따위냐?>와 <기피자나 탈영자는 고달프겠구나!>였다. 그 뒤로는 병역 기피 소동이 더 이상 없었기에 국민의 4대 의무 중 하나인 국방의 의무는 다 한 것으로 깨끗하게 마무리 되었다.

여기서 잠간!
<국민의 4대 의무>가 무엇인지 아십니까?
얼핏 네 가지를 다 대답하기 어렵죠? 요즈음은 상식 문제에 어쩌다 나오는 정도라고 합니다.
납세, 국방, 교육, 근로의 의무입니다.
그런데, 국회에서 하는 인사 청문회를 보면 의분과 함께 내가 점점 초라해 진다. <오죽 못났으면 세금을 다 내고 사느냐?>, <오죽 못 났으면 군대에 가느냐?>는 세태가 그대로 반영 된다. 핑계를 그럴듯하게 대고 거짓말도 능수능란하게 해야만 높은 자리에 오를 수 있는 세상이라는 생각이 들 정도다.
지금 새삼스럽게 군대 얘기를 꺼내는 것은, 런던 올림픽 메달리스트들이 군 면제를 확인한 후 환호하는 모습을 보았기 때문이다. 모병제가 아닌 징병제에서 군 면제를 원하는 청년들이 어찌 몇 명에 국한된 일이겠는가? 군에 가지 않음으로 본인이 갈 길을 거리낌 없이 갈 것이며 더 빨리 갈 수 있다. 그러기에 화내는 선수 한 명 없이 모두 좋아 하는 것이고 그러기에 군대에 가지 않으려고 여러 가지 방법이 동원 되고 있는 것도 어제와 그제로 끝난 일이 아닌 오늘의 현실이다. 내 주위를 둘러보아도, 멀쩡한데 군을 면제 받은 사람들이 꽤나 있다. 몇 몇 가까운 사람들의 면제 사유를 들으면 웃지 않을 수 없으며 웃으면서도 기가 차고 주먹을 쥐게 된다.

　메달을 목에 건 선수들은 본인에게는 영광이고 국가 위상을 높이는 데도 한 몫 했으며 노력의 결실임을 기억하고 인정한다. 그러기에 많은 후원이 있고 그러기에 많은 특혜가 있다. 그러나 군 면제는 분명히 잘 못된 결정이다. 메달리스트들에게 또 다른 특혜를 더 주더라도 군 복무는 시간 낭비요 인생 낭비라는 인식을 국가 스스로가 주는 일은 없어야 한다. 선수들에게 박수 치며 환호 하다가도 상대적으로 상실감과 허탈감을 느껴야 하는 많은 젊은이들이 있다는 부작용도 생각해야만 한다. 지금 가시적으로 국가에 이바지 했든 아직은 아니든, 국가가 부여한 의무는 누구나 예외 없이 이행하는 성숙한 국민 의식이 있어야 한다.

　일부 저개발 국가나 정부의 통제가 심한 국가에서는 정부 주관 아래 선수 육성에 열을 올리며 운동하는 로봇을 만들고 있다. 한국도 군인들이 정치할 때 국민들의 정치적 관심을 운동 쪽으로 돌리려고 정책적으로 운동을 육성한 때가 있었기에 좋은 점과 나쁜 점이 지금껏 이어 오고 있지만 이제 한국은 운동을 통해 나라를 알리는 단계는 지났다. 캐나다만 해도 일상생활을 하며 운동을 삶의 일부로 즐기는 중에 특출한 선수를 선발하는 것으로 알고 있다.

몸에 장애가 있어서 합법적이고 공정한 검사와 심사를 거쳐 면제 받는 사람들은 보호해 주어야 할 뿐 아니라 오히려 지금보다 더 많은 지원이 있어야 한다. 그러나 이를 빌미로 멀쩡한 사람이 합법을 위장하여 면제 받는 일은 이제 부터라도 반드시 없애고 버려야 할 대표적인 부조리 중에 하나다.

없애는 방법을 알면서도 어떤 높고 완고한 장벽에 부딪치어 넘지 못하고 있는 것은 아닌가를 생각하게 된다.

편법면제자는 장관은 언감생심이고 공무원은 3급 이상 올라갈 수 없어야 한다. 기업도 이사는 꿈도 못 꾸고 피 선거권을 주지 않아 시의원에도 나가지 못하게 해야 한다. 더 나아가 공무원 시험 자격을 주지 않고 기업들도 입사 서류를 받지 않으며 교사 임용도 하지 않는 풍토로 발전하고 상식화 되고 고착되어야 한다. 왜 신체검사에 떨어졌는가를 항의하고 치료 후 다시 검사를 받는 등 군 신체검사 3수, 4수생이 나오는 세상이 되어야 정의가 살아 있고 공정한 사회라 할 것이며 나 같은 장삼이사 (張三李四)도 사는 맛이 더 나지 않겠는가! (*)

촛불시위를 보며

인터넷으로 한국 뉴스를 보니 오늘도 촛불 시위가 한창이다. 화염병과 최루탄이 나르던 때에 비하면 시위 하는 모습이 조용해 진 것은 다행이나 주부, 아이, 노인들이 눈에 띄는 것을 보면 참가 계층이 넓어지지 않을까 은근히 걱정되기도 한다. 정당한 주장은 정당하게 해야 한다. 그러나 계통을 통해서 법 안에서 해야 한다. 광우병 시위 때는 육식주의자가 그렇게 많은 데 놀랐고 저마다 법률 전문가임에 놀랐다. 광우병이 우려되면 수입 쇠고기를 먹지 않으면 되고 쇠고기가 수입되면 한우 가격은 상대적으로 얼마간 내릴 터이니 기뻐서 춤추는 일 까지는 아니더라도 거리로 뛰쳐나올 일은 아니라 생각하는데 모르겠다.

엄청나게 많은 촛불의 물결을 보면서 참가자 중에 깊이 또 여러 번 생각한 후 정말 이래서는 안 되겠다고 나온 사람이 얼마나 있을까를 생각해 보았다.

캐나다에서 어느 호텔에 매니저로 있을 때 여행 중이라는 미국인을 만났다. 반미 구호를 외치며 성조기를 태우던 때에 마침 한국에 파견되어 어느 회사에 기술고문으로 있었는데 어느 대학 캠퍼스에서 열린 백 여 명이 하는 소규모 데모 현장에 갔었다고 했다. 몰매 맞을 각오를 하고 성조기 태우는 것에 항의하려 했는데 스탠드에 끼리끼리 흩어져 앉은 학생들에게 갔더니 열 중 일곱은 가까이 가기도 전에 슬금슬금 자리를 피했고 나머지 세 명도 데모를 하는 뚜렷한 이유를 당당히 주장하지 않은 채 "성조기를 태우는 것은 주최측의 과잉 행동이다."라며 말꼬리를 내리더란다. 그는 뚜렷한 자기 주장 없이 군중 심리에 휩쓸리는 모습에 놀랐고 그들이 대학생이라는 것에 실망했다고 했다. 창피했고 무안했다. 죽든지 죽이든지 당당히 나서지 못하고 모함과 거짓 증언에다 뒤에서 수군거리며 충동질하는 것이 몸에 배어 있는지도 모른다.

이제는 촛불시위가 정권 타도로 방향이 바뀌고 있다는 얘기도 들린다. 시위를 주도한 지명 수배자들의 전력을 보니 그러면 그렇지 하면서도 섬뜩한 느낌이 든다. 정권 타도를 외치며 거리에 나서는 것은 군사정권 때는 어림없는 일이었고 조선조까지 거슬러 올라갈 필요 없이 북한만 해도 일족이 멸문 당할 각오가 아니면 생각할 수 없는 일이다. 허락된 자유에 감사하지 않고 그를 악용한 혼란에 동참하는 우리의 비굴한 모습을 돌아보아야 한다.

6.29 선언이라는 것이 있었다. 준비하고 있었다는 듯 크고 작은 회사 직원들이 처우 개선을 요구하며 회사 안과 밖에서 격렬한 데모를 했다. 공장지대 안에 있는 내 공장 앞으로 끊임없이 데모대가 지나갔다. 지게차와 그보다 더 큰 장비를 앞세운 행렬도 있었다. 내 회사에도 즉시 영향이 미쳤다. 직원 가족 생일에 케이크를 보내는

등 직원 관리에 신경을 쓴 탓에 과격하지는 않았지만 월급 인상과 처우개선을 요구하는 것은 다른 회사와 조금도 다름이 없었다. 앞으로 1년간은 오른 월급에 변경이 없다고 못 박았음에도 월급 인상 요구는 석 달이 멀다하고 이어졌다.

 회사 규모가 작아 최상의 대우는 못해 주더라도 차상이나 중상의 대우는 해 주어야 한다는 것이 내 기본 생각이었다. 기숙사, 세끼 식사와 간식 제공에 직원들의 자가용차 휘발유 값도 지불해 주었다. 동종 업계 수준으로는 상위 급에 들었다. 높은 임금에 견디지 못해 많은 회사들이 중국, 인도와 베트남, 인도네시아 등 동남아 국가로 공장을 옮겼다. 그만큼 국내 일자리가 줄어든 것이다. 높은 실업률 특히 청년 실업자가 많음이 사회적 큰 문제로 대두 대고 있다. 촛불이 아니라 횃불을 들고 나와도 근본 문제가 해결될 일이 아니고 어찌 보면 자업자득인 셈이다.

 4자 회담이니 6자 회담이라는 것이 있다. 한반도 문제를 주변국들이 해결한다는 회의이다. 일본은 말 할 것도 없고 중국도 역사상 한반도에 많은 고통을 준 나라이고 러시아도 직접간접으로 피해를 준 나라다. 그들은 한반도가 두 개로 나누어져 있음을 즐기고 있다. 자국의 이익에 맞도록 챙길 것은 챙기면서 한반도가 통일되어 하나 되는 것을 싫어하고 무서워하는 나라들이다. 우리 문제를 그들에게 맡기고 있는 꼬락서니에 울화가 치미는데 이렇게 분열하고 혼란한 모습으로 더 얕보여야 하는가를 심각하게 생각해야 한다.

 진정으로 한국을 위해 주는 나라는 없다. 경제적으로 어렵고 낙

후되었던 중국은 거대한 땅과 많은 인구를 무기로 반 토막짜리 조그만 나라에 질 수 없다며 각 분야에서 한국을 바짝 추격하고 있다. 반면, 우리가 따라 잡아야할 나라들은 노골적으로 견제하며 경계하고 있다.

이렇게 중요한 때에 국회의원이라는 한량들은 어디서 무엇을 하고 있는지 도무지 보이지가 않는다. 선거 유세에서는 나라와 국민을 위해 몸을 태우겠다고 엎드려 절하더니 지금은 같은 당 안에서 계파 싸움할 때만 잠시잠시 보인다.

이제 촛불을 끄자. 제 자리로 돌아가 밝은 내일의 나를 위해 지금 무엇을 할 것인가를 생각하자.

나는 어느 특정 정권을 특별히 편들자고 하지는 않는다. 그러나 누가 대통령이든 견제는 하되 밀어 주고 힘을 넣어 주어야 한다.

국민과 정부가 하나가 되어 내실 있고 강한 나라를 만들어 가야 한다. 우리가 싸우고 이겨야 할 상대는 우리 정부가 아니라 세계인 것이다. (*)

선생님

나에게는 잊혀 지지 않는 두 분 선생님이 계시다.

초등학교 3학년 때 일이다. 내가 다니던 학교는 역사도 깊고 꽤나 알려진 학교였는데 이름이 더 좋게 알려진 학교로 전학을 가게 되었다. 내 의사와는 전혀 별개로 아버지께서 정하신 것인데 전학 가는 핑계는 이사 간다는 것이었다. 그 것이 거짓말이라는 것을 같은 동네에 사는 몇몇 아이들도 알았다.

마지막 수업을 끝내며 선생님께서 나를 교실에 남으라고 하셨다.

"네가 이사 가지 않는 것을 알고 있다. 그것을 나무라는 것은 아니다. 지금 이 나라는 독립한지 얼마 안 되었다. 새로운 나라가 탄생한 것이다. 인재가 많이 필요하다. 그 학교에 가서 더 공부하여 더 훌륭한 사람이 된다면 환영할 일이다. 부디 좋은 사람으로 커 가기를 바란다. 한 가지 약속을 하자. 삼촌도 좋고 형도 좋다. 한 달에 한 번 씩은 꼭 만나자. 나는 너를 우리 반 학생으로 영원히 생각할 것이다."

지금 생각하면 열 살 된 아이에게는 어려운 말이었다. 나는 무언지 모를 복잡하고 침울한 마음으로 서 있었다. 울컥 울 것도 같고 뛰어가서 전학 가지 않겠다고 매달릴 것도 같았다.

전학 간 학교는 소문대로 중학교 입시만이 목표인 학교였다. 수시로 시험을 보는 것은 일상적인 일이고 한 달에 한 번씩 치루는 일제고사 등수에 따라 좌석 배치가 바뀌었다. 내 책상, 내 짝이 없었다.

그런 학교에도 환경 미화 행사가 매년 있었다. 6학년 때다. 선생은 칠판에 <학부모님께 드리는 글>이라 쓰고는 아이들에게 받아 적게 하여 부모님께 보여드리라고 했다. <이런 행사가 있으니 협조해 달라.>는 내용이었다. 몇 몇 아이들은 부모에게서 받은 밀봉된 편지를 선생께 드렸고 몇 몇 학부모는 직접 학교로 찾아 왔다. "담임 용돈 두둑해 졌다." 아이들이 수군거렸다.

평가 일 주일 전에 선생은 반장과 부반장 그리고 좀 조숙해 보이는 세 명으로 미화 팀을 만들었다. 필요한 물품을 사러 문구점에 가는 날은 조숙한 세 명에게 긴 팔 옷을 입고 오라고 했다. 내가 지시 받은 일은 물품 가격을 열 개 이상 물어 보는 것이었다. 학교에 돌아 왔을 때 산 것, 긴 소매 세 아이들 옷에서 나온 것, 문구점 주인이 좋은 일 한다고 무료로 준 것까지 교탁 위에는 문구들로 가득 찼다.

나중에 긴 소매 세 명에게서 들은 얘기는 놀라웠다. 떠나기 전에 선생이 설명과 더불어 직접 시범을 보이며 주인 몰래 문구를 옷 속에 집어넣는 교육을 시키고는 실습까지 마치고 나갔다는 것이다. 알고 보면 두 명은 물건 값을 계속 묻는 바람잡이, 세 명은 절도 행동 대원, 선생은 망을 보며 주인을 안심시키는 역을 맡았던 것이다. 환경 미화 점수가 전교에서 몇 등이었는지는 기억에 없다. 그 때의 충격만이 지금껏 남아 있을 뿐이다.

지난 달 일제고사에서 학급 평균 점수가 꼴찌를 해서 망신을 당한다는 애기를 여러 번 하더니 묘안을 짜냈다. 커닝이었다. 공부 잘 하는 학생들을 맨 앞줄에 앉게 하고 줄 단위로 커닝을 하는 방법이었다. 선생은 제대로 시행 하는지 감시하였음은 물론이기에 시험이 끝난 후 제대로 안 한 줄은 단체 기합을 받았.

3 학년 때 선생님을 그 후 찾아간 일이 없고 소식을 알아보지 않았음은 무척 아쉽고 죄송하고 후회된다. 6학년 때 선생은 70년대에 장학사가 되었다는 소문을 들었고 교육감 후보로 나선다는 소문도 들었다. 내가 두 분을 선생님과 선생으로 구별하여 부른 이유를 이제 아실 것이다.

우리는 지금까지 여러 분의 선생님을 만났다. 학교의 선생님과 부모, 일터, 교회, 사회생활 하며 만난 사람들이다. 자연과 동식물에게서도 배운다. 흐르는 세월도 선생님이다. 특히 지난주에는 한 해를 마감하며 좀 더 차분하게 지난 세월을 돌아보았고 좀 더 착한 마음도 가져 보았다. 새삼스럽게 내 안의 오만과 편견과 고집이 족쇄임을 깨닫지 못했음을 깨달았고 물 한 목음, 바람 한 점의 작은 것에 감사할 줄 몰랐었다는 것도 알았다.

살아가는 지혜를 가르치는 책이 다섯 수레는 아니라도 한 수레는 넘을 것이다. 주름이 최소 한 줄 더 생기는 기간이 지나더라도 그 많은 책을 다 읽을 수 없고 더구나 그 가르침을 다 따르며 살아가는 것은 무조건 불가능하다.

어느 시인의 시에 이런 구절이 있다..
<시는 한 글자만 고쳐도
경계가 하늘과 땅 차이로 판이하다.
겪어 본 사람이 아니면 알 수가 없다.
시만 그런 것이 아니다. 삶의 맥락도
넌지시 한 글자 짚어 주는 스승이 있어,
나가 놀던 정신이 화들짝 돌아왔으면 좋겠다.>

그렇다. 큰 가르침만이 가르침은 아니다. 작은 자극으로 나를 흔들어 깨워 주는 선생님을 만나는 복 된 내 인생이 되었으면 좋겠다.
그 선생님이 비록 세 살 난 아이일지라도.(*)

아! 6 · 25

　북한에서 보낸 모형 비행기 수준의 작은 비행기 몇 대가 청와대를 비롯한 수도권과 강원도 일부를 돌며 사진을 찍다가 추락한 사건이 있었다. 전투기, 미사일, 군함 등 대형 공격 무기들에만 집중하다가 허를 찔린 양상이다. 군사 비밀 상 밝힐 수는 없겠지만 인공위성, 무인 정찰기 등 북한 보다 월등한 성능을 가진 우리 정찰기가 지금도 활동하고 있을 터이니 크게 걱정할 일은 아니나 완벽한 대비책을 마련하고 경계해야 할 일이다. 천안함이 침몰하였을 때와 마찬가지로 이번에도 자작극이라는 유언비어가 돈다고 한다. 국가 안보 문제는 국민적 동의 아래 대외적으로는 한목소리를 내야 하는데 내부 분열의 모습을 보이며 국제적 망신을 자초하는 것이다. 공산당 치하를 겪어 본 일 없고 전쟁의 비참함을 목격하지 않은 국민이 전체의 85%를 넘는 이때에 일부 불순 단체들의 편협 되고 타협 없는 주장이 표현의 자유를 악용하여 횡행함은 몹시 우려되는 일이다.
　동기와 명분과 후유증으로 볼 때 세계 전쟁사 중 가장 비참한 전쟁이었다고 역사학자들이 말하는 6·25를 돌아본다. 외국　기자가 찍은 기록 영화에는 왜 일어나지 않느냐며 폭격으로 죽은 어머니의 손을 잡아끄는 아이가 있었고 열 살도 안 된 아이가 동생을 업은 채 목발을 짚고 다니며 구걸을 하는데 동냥 깡통은 목에 걸려 흔들거리고 있었다. 젊어서 혼자되어 유복자와 어렵게 사는 여인들의 얘기, 하루 저녁에 부모를 잃고 길에 버려진 전쟁고아들의 얘기는 끝이 없으나 그 것이 소설이나 먼 나라 얘기가 아니라 바로 우리의 얘기인 것이다.

우리 집은 6·25 때 서울에 남아 있었다. 국군이 곧 물리칠 것이라는 대통령의 방송도 있었고 곧 끝날 국지적인 도발인지 알았다지만 그렇게 빨리 점령당할 줄 몰랐고 어찌해야 할지 당황했다는 것이 솔직한 당시의 상황이었을 것이다. 아버지는 등 전체에 고약을 붙이고 문소리만 나면 요에 엎드리셨다. 어린 눈에 보기에도 불안과 긴장의 하루하루였다. 동네 공터와 옆 건물에서는 매일 사람들의 고함과 비명이 그치지 않았고 인민재판은 계속되었다. 군인 두 명이 청년 한 명을 무릎 꿇리고 두 손을 벽에 붙인 자세로 뒤에서 총을 쏘는 것을 보았다. 집 안에서는 여럿의 우는 소리가 들렸으니 가족들 앞에서 끌어내어 죽이는 모양이었다. 나는 군인들을 쫓아다니며 더 구경하려 했으나 떨면서 잡아끄는 누나 때문에 돌아 섰던 기억이 새롭다. 체포 영장? 재판? 맙소사, 새우가 고래 삼켰다는 소리지. 평화 시에는 상상도 못 할 일들이다. 그게 전쟁이다.

전사하거나 다친 남북 군인과 유엔군과 국민은 몇 명이고 강제로 끌려 간 사람들은 몇 명이며 잠시로 알고 집을 떠났다가 가족과 영영 헤어진 사람들은 또 몇 명인가? 무수한 사람이 어이없이 세상을 떠났다. 서로 죽고 죽인 모두는 불과 몇 년 전 해방을 맞았을 때는 너나없이 기뻐 뛰며 한 모습으로 즐거워했던 사람들이다.

6·25의 동기를 원로 언론인 홍종인 씨는 이렇게 말했다.

<2차 대전이 끝나기 이틀 전에 연합군 진영에 참전한 소련은 만주와 한반도 북부를 담당 지역으로 하고 있던 일본관동군과 대전하게 되면서 일본의 항복을 받고 무장 해제 시키기 위해 38선까지 내려왔다. 그 것은 일본의 패전주의에 의한 계략이었다. 일본이 관동군의 담당 지역을 38선까지 지정 했다. 일본은 패전 후 통일된 한국이 일본에 적대 행위 할 것을 두려워하여 이왕 무장해제 당할 바에야 미.소 양대 세력에 의한 한반도 분할을 꾀하기 위해 38선 이북을 소련의 점령 지역으로 만들자는 일본의 간악한 패전 주의 계략 이었다.>

우리는 험한 전쟁을 치렀고 일제 때 못 말리는 행패로 우리를 무척 괴롭고 슬프게 한 일본, 한국에 배상하고 2차 대전에 책임을 져야 할 일본은 오히려 그 전쟁을 이용하여 경제적으로 부흥하는 계기가 되었다. 그런 것들을 생각하면 6·25는 그냥 6·25라 하면 안 되고 <아! 6·25>라고 비감한 감탄사를 붙여야 한다. 아무리 짧은 전쟁도 그 후유증은 최소 100년이 간다고 한다. 아직 전쟁의 후유증을 직접, 간접으로 앓고 있는 후손들이 꽤 많이 있음을 안다.

천부당만부당한 일이지만, 다시 그런 불행한 상황이 온다고 가상해 보자. 여든, 야든 정치판에 몸담았던 모두는 살아남을 것 같은

가? 지금 북한을 옹호하거나 대변하는 것 같은 일을 하는 그들은 온전할 것 같은가? 시차는 있겠지만 실컷 이용당하다가 무슨 명목으로든 한 여름에 잔디 깎이듯 한 방에 날아가고 말 것이다. 다른 체제에서 60여 년을 살았으니 그 쪽 눈으로 보면 반동 아닌 남한 출신이 어디에 있겠는가. 당하고 나서야 아차 하겠지.

남한에 거주하는 탈북자가 3만 명에 이르고 중국 등 인접 국가에 숨어든 북한인들은 너무 많아 아무도 그 숫자를 모른다. 죽을 각오를 하고 국경을 넘었다. 세상에서 가장 슬픈 것이 자식이 먼저 죽는 것이고 다음이 배고픈 서러움이라 하였는데 배가 고파서 죽는 자식을 보는 부모들이 있는 곳이 북한임은 여러 매체를 통해 알고 있다. 색깔을 떠나, 사람들이 굶어 죽는 곳을 동경하는 부류가 있다는 것은 도무지 이해가 가지 않는다.

평화 시기에 도취되어 전쟁의 잔인함과 비참함을 무시한 채 생각 없이, 책임 없이 제멋대로 떠들며 어떤 선동까지도 마다하지 않는 모습은 그 자체가 무서운 반국가, 반민족 행위다.

6월만이라도 전쟁을 체험한 분들의 얘기를 듣는 시간을 갖고 기록 영화를 되돌려 보며 <아! 6·25>와 그 교훈을 생각해 보아야 할 것이다.(*)

7부
할단새

겨울 단상(斷想)

「나무야 나무야 겨울나무야
눈 쌓인 응달에 외로이 서서
아무도 찾지 않는 추운 겨울에
바람 따라 휘파람만 불고 있구나」
동요 <겨울나무>다.

이민 떠나기 전 어느 해 초겨울 <가곡의 밤>을 참관했다. 한국을 대표하는 성악가들이 많이 출연하여 성황을 이루었는데 공연 중간에 초등학교 5학년 쯤 된 여자아이가 두 손을 앞에 모으고 부른 <겨울나무>는 신선한 충격을 주었다. 나도 초등학생 때 불렀으니 꽤나 오래 된 동요로 겨울 분위기가 흠뻑 들어 있다. 어쩌면 듣는 이들에게 숨겨 있는 외로움을 겨울나무에 빗대어 대신 불러줌에 공감을 하는 지도 모른다. 오늘도 그 동요를 혼자 흥얼거려 보았다.

「동짓달 기나긴 밤을 한 허리 베어내어
춘풍 이불 아래 서리서리 넣었다가
고운님 오신 날 밤에 굽이굽이 펴리라」
조선 중반의 그 칙칙한 분위기를 단숨에 지워버리는 황진이의 출현이 반갑다.

이 한 수의 시조만으로도 황진이는 황진이라는 생각이 든다.

동짓달 뿐 아니라 겨울밤은 길다. CD 한판의 음악을 다 들어도 밤이고 책 한 권을 다 읽고 덮어도 밤이다. 이 긴 밤을 아끼었다가 아주 필요한 때 썼으면 좋겠다는 생각을 할 때가 나에게도 가끔 있다. 차 한 잔을 후후 불며 마시다가 문득 창밖을 보니 마침 거의 보름달이다. 다정다감한 성격에 미모도 뛰어나고 여러 가지 재능의 정도가 깊고 높아서 오히려 불행한 삶을 살다 간 여인이 계수나무 대신 달 속에서 환하게 웃고 있다. 밤은 점점 더 깊어간다.

내가 여섯 살 때 어머니께서 갑자기 돌아가셨다. 장례식은 겨울 중에서도 유난히 추운 날이었다.

「며칠 후 며칠 후 요단강 건너 가 만나리」

찬송가를 들으며 <왜 나에게 아무 말씀도 없이 요단이라는 이상한 강에 혼자서 가셨을까?">를 생각하다가 며칠 전에 떼를 쓴 것이 마음에 걸려 용서를 구하러 가겠다고 다짐 했다. 버선발로 내 발을 살포시 눌러 주던 교회에서 오신 어느 할머니에게 여쭈어 보았다.

"내가 요단강에 가려면 며칠이 걸려요?"

무슨 대답을 들은 것 같은데 기억에 없고 분위기로 보아 꽤나 먼 곳에 있는 강 같아서 눈물이 났다.

어느 날, 무슨 일인지 기억도 나지 않는 대수롭지 않은 일로 가까이 지내던 선배와 언쟁을 했다. 얼마 후 미안하다고 사과하러 갔고

서로 화해하고 기분 좋은 시간을 보내다가 무슨 일로 다시 언성이 높아졌고 화해할 수 없는 지경에 이르러 박차고 나왔다. "그런 게 아니었잖아?" 발길이 무거웠다. "다시 돌아가서 사과할까?" 그러자 말자를 거듭하며 걷다가 구수한 냄새에 끌려 어느 술집에 들어갔다. 종로 5가 어느 골목이라고 기억되는데 드럼통 위에 철판이 깔려 있고 안주는 오직 하나, 돼지 껍데기였다. 내 자리도 없이 임의대로 합석하게 되어 있어서 생면부지의 세 사람과 드럼통에 둘러서서 각자의 껍데기를 구우며 소주를 마셨다. 살아가는 얘기를 나누다가 우리는 어느 새 너나 없는 친숙한 사이가 되었다. 리어카로 물건을 배달하는 사람, 술집을 돌며 기타를 치는 사람, 미장일을 하는 사람, 모두 열심히 사는 사람들이었고 가식이 없었다. 마침 주머니에 여유가 있어서 그 판의 술값을 내가 지불하기로 하고 맥주도 몇 병 돌렸다. 진솔한 삶, 가족을 향한 애틋한 사랑, 착한 마음에서 나오는 착한 눈빛과 착한 웃음은 그 날 이후 다시 본 적이 없는, 구수하고 쫀득쫀득한 돼지 껍데기와 함께 겨울이면 이따금 생각이 난다.

오래도록 겨울이 싫었다가 언제부터인지 겨울의 정취에 빠지게 되었다. 음침하고 추운 겨울이 고요하고 포근한 겨울로 바뀌었다. 겨울 지리산 등반에서 거의 조난 상태로 눈 위에 누워 졸음과 싸우다 구조 되었다. 부축을 받으며 산장에 들어섰을 때 커다란 톱밥 난로와 그 위에서 끓는 물로 뚜껑이 들먹거리던 주전자, 난로에 빙 둘러 앉아 노래를 부르던 젊은 산사람들의 평화롭던 정경과 아궁이에 군불을 지피며 하루를 묵었던 어느 암자의 아늑함도 겨울의 얼굴을 바꾸는데 한 몫 했을 것이다.

눈이 내린다. 고요한 겨울을 더욱 고요하게 만든다. 침대에 누워 이불을 덮고 창밖으로 내리는 눈을 보니 포근한 느낌이 배가 된다. 길에만 쌓이지 않으면 좋으련만... ...
 그리고 보니 동지, 연말과 연시. 설날, 정월대보름에 성탄절이 모두 겨울에 들어 있다. 어찌 겨울을 좋아 하지 않을 수 있으랴!

오늘도 공원에 갔다. 겨울 공원에 나온 정신 나간(?) 몇 사람과 손 인사를 나누며 천천히 걷는다. 눈 덮인 겨울 공원은 순백색으로 한결같아 보이나 유심히 보면 어제가 다르고 오늘이 다르다. 그 다름이 아름답다.

나무의 끝가지를 잡아 본다. 눈으로 습기를 머금어서 뿐이 아닌 탄력이 느껴진다. 젖혀 보았다. 꺾이지 않고 부드럽게 휘어진다.
 나는 겨울을 보고 있는데 나무는 봄을 보고 있었다.
 이제 그 겨울이 가고 있다.(*)

할단새

〈할단새〉는 재미있는 새다. 히말라야 산맥에서도 해발 3500 미터 이상의 산 속 깊은 골짜기에 살고 있다는 전설 속의 새다. 히말라야 산을 휘몰아치는 눈보라에 몸을 움츠리고 떨면서 내일은 둥지를 만들겠다고 밤새 다짐 하고는 다음 날 태양이 뜨면 언제 그랬냐는 듯 신나게 날아다닌다고 한다. 다시 밤이 오면 바람이 거세고 추운, 높고 깊은 이곳을 떠나 내일은 산 아래 양지 바른 곳에 둥지를 짓겠다고 결심하고는 다음 날 해가 뜨면 또 잊어버리는 연속 망각 증상으로 평생을 둥지 없이 사는 새라고 한다.

한국에도 전설의 새가 있다. 알다시피 봉황이다. 봉황은 고고하고 도도하여 백두산의 천지, 한라산의 백록담이든지 청와대 지붕에나 앉을 새라는 생각이 드는 반면, 할단새는 부르기만 하면 손이나 어깨에 내려앉을 것 같은 느낌이 드는 정이 가는 새다. 무엇보다 하는 짓이 어쩌면 그렇게 나와 닮았는지 동료 의식과 함께 친근감을 더 갖게 된다.

〈유비무환(有備無患)〉, 〈젊어서 고생은 사서도 한다〉 등의 교육 목적으로 만들어 낸 가상의 새라고 생각되는데 히말라야에는 전설

속에서만 사는지 몰라도 캐나다 땅에는 분명히 존재하며 산다. 내가 바로 할단새다.

　나는 아직까지 악보를 읽지 못하고 피아노도 못 친다. 붓글씨도 못 쓰고 수영도 못한다. 컴퓨터와 테니스는 초보 수준이고 바둑은 중급쯤 되나? 그 외에도 할 줄 모르거나 서툰 것들이 몇 개, 아니 많이 있어서 부끄러움을 느낀 적이 있으며 때로는 망신 수준의 창피를 당한 일도 있다. 문제는, 그때마다 언제까지 어느 수준까지 올려놓겠다고 다짐에 다짐을 했었다는 것이다. 그러나 제대로 끝을 본 것이 거의 없다. 작심하고 3일을 버티지 못 한 것도 꽤나 있다.

　내 일상화된 망각의 생활을 구체적으로 보여 주는 예가 하나 있다. 5개월 과정의 직업 교육을 받을 때의 일이다. 정원이 24명이었는데 출신 국가 별로는 15개 국이 되었다. 캐나다 출신이 아닌 이민자들에게 말 그대로 직업 교육을 시키는 학교였다. 매 주 금요일 오후에는 출신 나라 별로 두 나라 출신씩 짝을 지어 반 학생 모두가 먹을 자기 나라의 민속 음식을 마련해 와서 같이 먹으며 각각 30분씩 민속춤과 노래를 소개하는 시간을 가졌다.

　직업교육 특히 어학연수 교실에는 어디나 한국 사람들이 판을 치는데 유별나게도 내가 있는 교실에는 나 혼자뿐이니 책임과 역할을 나눌 수가 없었다. 내가 잘 생겨서는 물론 아니고 나이가 제일 많았기 때문인지 같은 반 급우 모두가 의견 일치하여 첫 순서를 내게 맡겼다. 나름대로는 열심히 연습한 아리랑과 노들강변을 춤을 추며 불렀다. 춤이라고는 몇 십 년 전에 '산토끼 토끼야'를 춘 것밖에 없는 굳은 몸으로 춤을 추려니 헛소리가 나올 지경이었다. 춤을 추는 내가 닭살이 돋을 정도였으니 보는 급우들은 얼마나 안쓰럽고 지루했을까.

급우들이 한국의 춤사위를 모름으로 <거, 되게 못 추네.>가 아니라 <한국 춤은 싱겁도록 단순하구나.> 정도로 넘어 갔을 것이다. 그래도 큰 박수가 나온 것은 양념에 신경을 많이 쓴 불고기와 잡채에 최면이 걸렸기 때문일 것이다. 다음번에는 내가 보기에도 멋진 시간을 가지리라 다짐을 한 것은 물론이다.

인터넷의 이곳저곳을 기웃거려 보아도 민속춤의 기초를 가르쳐 주는 곳을 찾지 못했고 <국악 한마당> TV 프로는 한 가닥 하는 고수들의 춤이라 감을 잡을 수가 없었다. 다시 돌아온 순서를 또 다시 엉성하게 마치고는 염치불구하고 에드몬톤 시에 거주하시는 인간문화재 고예진 명창에게 달려가 사정하고 때를 쓰며 가르침을 받겠다고 결심했지만, 그날의 생각만으로 그치고 말았다. 네 번이나 맞은 순서 중 나머지 두 번은 부채춤과 탈춤을 중심으로 태권도와 한국 풍경을 몇 개의 테이프에서 뽑아, 편집하여 30분짜리 비디오를 보여 주는 것으로 대체했다.

<내일이 내 차례인데 나는 아직 춤을 어떻게 추어야 할지 모르고 있다.>

그 막막함과 황당함은 말로 표현하기 힘들다. 몇 년 지난 지금도 춤을 추지 못한다.

마음먹은 모든 것을 다 하며 살 수는 없으니 적당히 잊으며 사는 것은 정신 건강상으로는 좋을 것이다. 그러나 약한 의지력에 게으름까지 겹쳐 이제까지 생각만으로 그쳤던 것들을 되짚어 찾아내어 그 중에서 한두 가지는 끝을 볼 생각인데 내일 날이 밝으면 어떻게 할런지는 나 자신이 모르고 있다.

  할단새가 <어쩌면 그런 경지에까지 오를 수 있느냐?> 감탄하면서 한 수 배우겠다고 날아올지도 모른다.(*)

재미있는 지옥

제목만으로도 무슨 얘기를 하려는지 짐작하셨을 것이다. 또 한국 얘기다. 컴퓨터로 한국 신문을 보고 있는데 볼수록 어수선하다. 김동길 교수가 말한 <나라꼴이 이게 뭡니까?>라는 탄식이 절로 나온다.

특히 국회가 그렇다. 여당은 많은 의석을 확보하고도 자중지란에 빠져 쇠사슬에 묶인 거인이고 머리 깎인 삼손이 되어 있다. 친이와 친박은 있는데 친 국민파는 없다. 야당은 세상 떠난 전직 대통령의 관을 아직도 붙잡고 곡을 하다가 누가 반정부 시위를 한다 하면 길을 열어 주는 터 잡이 노릇을 하고 있다. 국회가 문을 연다고 하면 툭하면 기다렸다는 듯 문을 가로 막고 노숙자가 된다. 그 많은 세비를 어디에 쓰고 길에 버려 졌는지 신문지라도 덮어 주어야겠다. 정책 대결이나 대안 없이 정부나 여당이 제안하면 무조건 반대다. 그냥 반대하는 것이 아니라 몽둥이와 망치까지 동원하여 법안 통과를 막는다. 여야가 하는 꼴이 동네 양아치들이 영역 싸움을 하는 것 같다. 앞으로 국회의원을 공천할 때는 태권도, 유도, 합기도나 무술 3단 이상에다가 성질까지 고약한 사람을 높은 순위에 올릴지 모른다. 법을 만들고 솔선하여 지켜야할 사람들이 솔선하여 법을 어기고 국회의원이 되려고 그렇게 애 쓰던 사람들이 툭하면 국회 문을 스스로 막는다. 거리에 나가는 일이 민주주의를 지키는 일인 줄로 아는 모양이다. 선거 때 나라와 국민의 머슴이 되겠다고 단상에서 큰 절을 하던 후보들이다. 한 사람씩 보면 다 괜찮은데 뽑아서 모아 놓으면 잡탕밥도 아닌 짬밥이 되니 모를 일이다.

  처음 이 칼럼을 쓸 때 캐나다 얘기를 많이 하려 했다. 지금 살고 있고 앞으로도 살아야 할 곳이기에 삶에 도움이 될 자료를 찾으려 했다. 그러나 하퍼 수상이 어디에서 무엇을 하고 무슨 선거가 언제 있는지도 모르고 산다. 어쩌다 TV에 비친 캐나다 양원 합동 회의의 모습은 영락없이 신학대학교 강의실이다. 평화로워 보이는 이곳 캐나다 정치의 뒷면에도 사연이 많고 숨기고 싶은 비밀도 많겠지만 깊이 들어가기에는 언어 장벽에 걸리고 노력에 비해 큰 의미가 없다고 생각되어 파헤칠 의욕이 나지 않는다. 원주민의 기쁨과 고뇌와 애환을 알지 못하며 마음과는 달리 여러 곳을 다니지 않아 문화적, 역사적 의미가 있는 곳을 잘 알지 못하니 칼럼을 쓰기에는 자질이 부족하다는 것은 나만이 아는 비밀이다. 다른 사람들이 눈치 챌가 겁난다. 캐나다에 특이한 미담이나 특별한 사건이 있는 것도 아니다. 자연과 삶의 질은 좋으니 <재미없는 천국>이라는 별명이 붙여진 모양이다. 말하다 보니 캐나다에서는 강물도 한국 강물보다 조용히 흐르는 것 같다. 어쨌든 캐나다 공부를 많이 할 생각이다.

  나라에는 정치만 있는 것이 아니다. 그러나 한국은 정치판이 워낙 요란하니 다른 것은 보이지도 들리지도 않는다. 조용한 다수가 있다. 생각이 없어서 조용히 있는 것이 아니다. 질서와 상식이 통하는 나라가 되기를 가장 바라는 사람들이다. 그 중에는 매일 나라를 위해 기도하는 사람들도 있고 삶의 바른 길을 찾아 깊은 명상에 잠겨 있는 사람들도 있다. 타 오르는 예술혼을 자기 분야에 쏟아 붓는 예술가도 있고 생산, 무역, 건설, 장사, 농업 등 맡은 일을 충실하게 수행하는 사람들이 많다. 사실 그들이 나라의 뿌리이고 기둥이며 그들이 있기에 나라가 유지되고 있다고 보아야 할 것이다.

정치판이 조용하여 대통령이 누구인지도 모르고 사는 세상이 되어서 조용한 다수의 얘기가 한반도에 가득 찼으면 좋겠다. 아름다운 얘기, 가슴 뭉클한 얘기가 넘쳐나는 <재미있는 천국>이 되었으면 좋겠다. 감동적인 얘기가 많아 눈물을 찔끔거리며 칼럼을 쓸 수 있으면 좋겠다.(*)

귀신을 보았다

내가 사는 아파트 1층에는 넓은 홀이 있다. 거주민들이 자유롭게 이용하는데 전체 거주민을 위한 행사도 거의 매일 있다. 미니 골프, 체조, 요가, shuffle board 등 미리 공고된 내용에 따른 행사다. 때로는 외부에서 공연 팀이 오기도 한다.

어느 날 오후 2시 경 홀에 들렀다. 아무도 없는 홀 구석 테이블에 여인이 홀로 앉아 있었다. 옆에는 휠체어가 놓여 있고 어딘지 슬픈 표정을 짓고 있는 낯선 사람이기에 인사도 하고 얘기도 나눌 겸 다가갔더니 그 여인은 빙고 카드를 고르고 있었다. 빙고 게임은 저녁 7시인데 벌써?

"처음 보는데 여기 사니?"

"115호에 살아."

"몇 호?"

"115호."

아주 친절하게 앞에 놓여 있는 신문지 여백에 집 호수를 적어 주었다.

<엥? 115호는 내 집이 아닌가?>

하도 집중하여 카드를 고르기에 나중에 다시 확인하기로 하고 벽에 붙어 있는 포스터를 보다가 다시 여인 쪽을 보니 없다. 아무도 없다. 호수를 적어 주었던 신문지도 없다.

어떻게 된 일이지? 내가 포스터를 본 시간이 길게 잡아도 20초가 넘지 않았을 것이고 그 여인이 의자에서 휠체어로 옮겨 앉으려면 1분 이상 걸릴 것이다. 출구로 나가 보았다. 저 끝까지 아무도 없다. 비상구도 열어 보았다. 없다. 그 날 이후 그 여인을 다시 본 일이 없다. 귀신이라 생각되는데 해코지를 하거나 아무런 메시지도 남기지 않고 떠난 것은 지금까지 의문이다.

어린 학생들이 장난삼아 분신사바나 위자판으로 귀신을 부르는 놀이를 한다고 들었다. 정말 귀신이 나타나기도 한다는데 영적 능력이 높은 사람이 함께하며 나타난 귀신을 달래어 영계로 보낼 수 있으면 모르되 나타난 귀신을 처리하지 못하면 어쩌나?

심령과학자들은 이 지구상에 많은 귀신들이 있으며 특히 지상 5미터에서 7미터 사이와 사고가 많이 발생하는 장소에는 영계로 떠나지 못한 무수한 영들이 있다고 말한다. 그 영들은 자신이 죽은 것을 모르고 떠돌다가 마땅한 육체를 찾아 들어가기도 한다는데 이를 빙의령이라 하며 빙의령이 들어간 사람은 이상한 행동을 하거나 없던 병을 앓으며 고생한단다.

영매라는 것이 있다. 죽은 혼을 불러 대화를 나눈다는데 신 내림을 받은 무당도 이에 속한다. 원혼의 한을 풀어주기도 하고 유족과 연결시켜 어떤 일을 진행하기도 한단다.

영국을 중심으로 세계의 여러 나라에서 영혼을 연구하는 사람들이 <심령학회>를 결성하고 각 나라의 <심령학회>와 연계하여 영계와 접속하면서 세계의 평화와 환자의 고질병을 고치는 기도를 한다고 들었다. 지구의 미래를 얘기한 컬트 신부, 노스트라다무스 영감, 일본의 침몰을 말한 케이시 등 많은 예언가들도 하늘과 인간을 연결하는 탁월한 영매라 할 수 있겠다.

모든 귀신을 악마라 표현 하는 것은 억지이나 어쨌든, 이와 대비되는 존재로는 천사가 있다. 천사의 어원은 히브리어로는 MALAK 즉 하나님의 그림자이고 그리스어로 ANGGELOS는 전달하는 자다. 하나님과 인간을 연결시키는 존재인 것이다. 천사는 크게 3개 등급으로 분리되고 세분하면 9개 등급이 있다는데 인간들이 판단할 영역은 아니다.

천사가 인간의 모습으로 살고 있는지 우리 주위에는 천사 같은 사람이 많이 있고 또 자주 만난다.

지갑을 잃어버려 난감해 하고 있을 때 유심히 보고 있었는지 슬며시 차비를 쥐어 주던 사람, 사우디에서 지독한 몸살로 정신을 잃을 지경일 때 며칠 밤을 새며 간병해 주던 동료, 설악산 겨울 등반 눈길에서 자신이 신고 있던 아이젠 한 쪽을 벗어 주고 떠난 사람,

밤길에 자동차 펑크 난 것을 알려 주고 직접 타이어를 교체해 준 후 싱긋 웃고 떠난 사람,

나에게 잘 해 준 사람만 천사인가? 아니다. 아주 많다.
영등포에서 노숙자와 외국 노동자들을 돌보던 선우경식 박사, 아프리카 톤즈에서 어려운 아이들을 돌보다가 떠난 이태석 신부, 부와 명예를 등지고 가장 가난한 곳에 들어가서 '이 일이 내 가슴을 뛰게 한다.'며 의료 활동이나 복지 향상을 위해 땀을 흘리고 있는 사람들, 오지의 선교사들.

어찌 보면, 많은 사람들은 양면성을 갖고 있다. 같은 사람도 그 당시의 분위기와 상대에 따라 천사가 되기도 하고 악마가 되기도 한다. 새끼 사슴이 귀엽다고 쓰다듬던 사람이 며칠 후 사슴 사냥을 나가는 것도 가벼운 예가 될 것이다.

8년간 다섯 번 직장을 옮긴 사람의 얘기를 들었다. 캐나다로 이민 와서 정보를 얻기 위해 생전 처음 교회에 나갔는데 막연하던 때에 그 교회 교인이 운영하는 편의점에서 일하게 되었다. 인상 좋고 교회 직분도 있고 교양 있는 사람이라 얼씨구나 했으나 일터에서는 완전히 다른 사람이라 했다. 교회 안에서는 천사인데 교회 문만 나서면 목소리가 바뀌고 교회에서 1 키로만 벗어나면 눈의 모양이 바뀌는데 눈 꼬리가 올라가고 흰 자위가 많아진다고 해서 웃었다.

그 사람의 얘기는 이어 졌다. 돈이 없어 자영업을 못하고 영어는 짧고 아이들 때문에 시내에서만 직장을 찾다 보니 한국인이 운영하는 회사에서만 일을 하다가 최근에는 캐네디안이 주인인 회사에 다닌다며 이민 30년이 넘은 한국사람 특히 교인이 주인인 일터는 절대로 가지 않겠다고 했다. 악착같고 잔소리가 많고 시간 계산은 제멋대로고 용서와 배려가 없다고 했다.

육신의 삶이 그만큼 만만하지 않다는 말이 되며 이민 초기에 처절할 정도로 급박한 경험을 한 사람의 눈에는 종업원이 어영부영 시간만 때우는 것으로 보일 수도 있겠고 모든 교인들이 다 그런 것은 절대 아니기에 그가 만난 주인들을 같이 비난할 수는 없지만, 교인인 나도 한 번 쯤은 심각하게 돌아보아야 할 일이다. 그리고, 나도 지니고 있는 양면성 중에서 천사 쪽에 더 마음을 두며 살다 보면 나의 인생도 좀 더 가치 있는 삶이 될 것이다.

하얀 옷을 입고 흰 날개를 펄럭이며 오는 천사만이 천사가 아니다. 누구나 누군가의 천사가 될 수 있다. 나도 누군가에게 크든 작든 꼭 필요한 도움을 주고는 내가 사는 아파트의 그 여인처럼 흔적도 남기지 않고 조용히 떠나는 일을 염두에 두며 살겠다고 가슴에 깊이 새겨 둔다.(*)

인연(因緣)

　70년 초 같은 회사에 근무하는 또래의 세 명은 한 달에 한 번 꼴로 도봉산에 올랐다. 어느 날 산행 길에 일행 중 한 명이 지팡이를 만든다고 적당한 굵기의 나무를 자르고 있을 때 중년 남자가 막아서며 호통을 쳤다. 그냥 나무라는 정도가 아니라 무안하고 민망할 정도로 야단을 쳤다. 지팡이 만드는 것을 포기한 것은 물론이고 기분이 잡쳐 일상적인 코스를 생략한 채 한 곳에 자리 잡고 앉았다 누웠다 하다가 내려 왔다.

　산 입구에서 좀 전에 야단치던 중년남자 일행 두 명과 마주쳤다. 눈길을 피하는 우리를 일부러 불러 식당으로 데려 갔다. 소주와 맥주를 곁들인 불 갈비 식사는 우리의 상한 기분을 많이 풀어 주었다.

　일주일 후에 그 중의 한 분이 회사로 전화를 했다. 나는 두 분과 같이 또 근사한 식사를 했다. 그 중 한 분이, 자신을 몹시 따르고 자신도 아끼던 조카가 중학교 때 죽었는데 나와 많이 닮았다는 얘기, 얼마 전 산행 후 식사 중에 한 얘기를 다시 하며 자기를 삼촌이라 부르라고 했다. 그 자리에서 그 분을 삼촌이라 부르고 다른 분은 성이 황 씨라 황 삼촌이라 부르게 되었다. 삼촌은 적극적이고 괄괄한 성격인데 비해 황 삼촌은 필요한 말 외에는 하지 않고 표정의 변화도 거의 없는 분이었다.

　두 분은 강원도 고성에서도 학교에 가려면 3 키로 이상 걸어야 하는 산골에서 살다가 초등학교도 졸업하지 못하고 각기 고향을 떠났다고 했다. 그 후 23년 만에 서울에서 우연히 만난 후로는 거의 매일 만나다 시피하며 살고 있다고 했다. 집도 걸어서 30분 거리의 같은 우이동에 옮겨 살고 있었다.

　두 분 사이에 언쟁이 있었다. 한일 국교 수립이나 삼선 개헌 정도의 큰 문제가 아니라 대통령의 청와대 일상 중 일부를 아부성으로 쓴 어느 신문 기사가 발단이 되었다. 대통령이 정원사에게 이 나무는 어떻게 가지를 치고 저 나무는 무슨 비료를 일주일 간격으로 주라 했다는 기사였다. 삼촌은 참 자상하다고 칭찬했고 황 삼촌은 그런 것은 정원사에게 맡겨야지 그렇게 하면 면서기감도 안 된다고 비틀었다.

　두 분 우정의 깊이로 보아 한 번 부딪쳤다 말 것이라고 생각했는데 그게 아니었다. 강제로 입을 막아 그렇지 좀 얘기 거리가 많은 정권이 아니었는가. 삼촌은 언제나 대통령을 두둔하는 쪽이었고 황 삼촌은 비판하는 쪽이었다. 어떤 때는 억지로 시비를 위한 시비를 하는 듯도 했다. 시간이 길어 가면서 감정의 골이 깊이 파이는 것을 느낄 수 있었다.

　친박과 반박이 굳어진 것으로 알았는데 이변이 생겼다. 유신이 선포되며 입장이 바뀐 것이다. 삼촌은 왕국을 세울 셈이라며 배신감을 참지 못했고 황 삼촌은 해방 직후의 정치적, 사회적 혼란을 떠올리며 후계자를 정하지 않았음은 박통의 잘못이지만 지금 물러나면 죽도 밥도 아니니 10년은 현상대로 유지해야 무언가를 이룰 것이라는 의견이었다.

삿대질을 하는 것은 옛일이고 책상을 치며 육두문자를 쏟아내는 것은 예삿일이 되었다. 건널 수 없는 골짜기가 생겼고 곪은 상처는 치유 불능상태가 되었다. 다시 화합시키려는 내 노력은 언제나 불난 집에 부채질하는 꼴이 되고 말았다.

그 깊던 우정이 이렇게 되는 수도 있구나를 생각하는 중에 두 분은 왕래는커녕 전화 한 번 안 하며 일 년여가 지났을 때 갑자기 황삼촌이 세상을 떠났다. 삼촌 집에 들렀더니 "그 새끼 진작 뒈졌어야 했어."가 첫 말이었다. 안 가겠다고 버티는 것을 억지로 끌다시피 하여 문상을 갔다. 손님 안내 등 상가 일을 도우며 얼핏얼핏 보니 삼촌은 마당 한 구석에서 땅을 보았다 하늘을 보았다 하며 앉아 있었다. 삼촌은 황 삼촌의 장례식에도 참석하지 않았다.

열흘 후에 삼촌 집에 갔다. 온 몸에 기가 빠진 듯도 하고 몸도 마르고 눈의 초점도 흐려 있는 것 같았다.

"좋은 놈이었는데. 참 좋은 놈이었는데……" 평소와 달리 말에 힘이 없었다.

"초등학교 때 나도 어려웠지만 그 놈은 유난히 가난했어. 하루에 보리 죽 한 끼도 못 먹는 놈이 공부는 잘 했지. 나는 그 놈 때문에 2등이라는 벽을 깰 수가 없었어. 상식이 풍부하고 앞을 보는 식견은 감탄할 정도였지. 아이들도 잘 키웠고 돈도 나보다 많아. 일대일로 만나면 내가 한 수 위인데 객관적으로 보면 항상 내가 지고 있었어. 그 때 박통이 우리 사이에 끼어들었지. 둘 다 80은 넘길 줄 알았는데 그 놈은 환갑도 못 넘겼어. 뼈 조각 하나 남기지 않고 태우고 갔으니 참 무심한 놈이야. 내가 죽인 것이라는 생각이 들어서 장례식에도 가지 못했어." 결국은 통곡으로 이어졌다.

내가 사우디 지사에 나가 있는 동안 삼촌도 세상을 떠나셨으니 친구를 회상하며 몸부림치면서 한 시간이 넘게 통곡하던 모습이 내가 본 삼촌의 마지막 모습이 되었다. 그 것도 20년 전의 일이니 가끔 두 분의 모습이 아련하게 떠오를 뿐이다.

두 분의 만남과 헤어짐을 생각하면 대단한 인연이고 기막힌 인연이라는 생각을 아니할 수 없다. 불교에서는 6도 환생과 함께 전생의 비중을 높이 둔다. 현생에 옷깃이 한 번 스쳐도 전생에 3생의 인연이 있다고 한다. 인간으로만 환생하는 것이 아닐 것이니 3생의 인연이 있었다 함은 대단한 인연이다. 겉보기에도 상당히 부러운 인간관계를 갖고 있는 사람들을 볼 때가 있다. 불교식으로 보면 전생에 좋은 관계였을 것이니 더욱 소중히 여기고 아껴야 될 것이다. 반면에 사자에게 잡혀 먹힌 사슴처럼 철천지원수로 지내는 관계도 본다. 아마 전생에 실제로 그런 일이 있었는지도 모른다. 전생에서 이어진 그 끈질긴 악연을 현생에서 끊는다는 생각으로 화합하면 앞으로 몇 생에 걸쳐 반복될 악연이 끊어지는 일이 될 지도 모른다.

힌두교에서는 840만 번에 한 번 인간으로 태어난다고 한다. 840

번이 아니고 840만 번이다. 840부터는 동그라미 치기가 미안하고 무섭도록 긴 여정이다. 불 속에 뛰어드는 불나비도 그 생의 수를 채우려는 몸부림인지 모른다. 가족과 인척 관계는 말할 것도 없고 현생에서 인간으로 만나는 것 자체가 대단한 인연이 된다. 몇 년 후면 어떤 이유로든 헤어질지 모르는 사람들이 죽자 살자 싸우는 모습도 본다. 두 삼촌처럼 어떤 콤플렉스로 인해 내가 너보다 한 단계 위에 있어야 한다는 강박관념을 갖고 아무 것도 아닌 것으로 싸우다 기회를 놓치고 후회하며 통곡하는 사람들이 많이 있을 것이라는 생각도 하게 된다.

　두 삼촌이 떠오를 때마다 나는 지금 내 주위의 사람들과 어떤 인연 중에 있으며 어떤 관계에 있는가를 생각하게 된다.(*)

자기 암시(自己暗示)

한 사람이 벼룩을 잡아 유리병 안에 넣고 관찰했다. 벼룩은 가볍게 튀어 올라 병 밖으로 나왔다. 몇 번을 다시 넣었지만 결과는 마찬가지였다. 이 실험을 통해 벼룩은 자기 몸길이의 4백배가 넘는 높이를 튀어오를 수 있다는 사실을 알게 되었다.

벼룩을 다시 병 안에 넣고 뚜껑으로 입구를 막았다. 종전과 마찬가지로 높이 튀어 오르던 벼룩은 계속 뚜껑에 부딪치다가 얼마 후에는 병의 높이에 맞추어 튀어 오르는 것이었다. 다음 날 병뚜껑을 열어주었지만 벼룩은 병의 높이만큼만 튀어오를 뿐 밖으로 나오지 못했다. 사흘 후, 일주일 후에도 마찬가지였다. 벼룩은 병보다 더 높이 뛸 수 있는 능력을 잃어버렸던 것이다.

습관과 교육의 중요성을 강조할 때 자주 인용되는 벼룩 이야기이다. 진화론자들은 모든 생물은 그렇게 현실에 적응하면서 진화한다고 말할 것이다.

이와 많이 비슷하면서 전혀 다른 이야기가 있다. 어떤 암시를 스스로에게 반복적으로 다짐하거나 주입하면 그 암시대로 상황이 바뀌어 간다고 한다. 나의 바람과 목표를 위해서 자신에게 어떤 암시를 주면 그렇게 된다는 것이다. 심리학에서는 이를 「자기 암시적 예언」이라고 한다. 어떤 생각이 잠재의식에 작용되면 반드시 실현되는 것은 바로 자기 암시 효과 때문이라는 것이다.

프랑스의 「에밀 쿠에」는 약국을 경영 할 때 고객이 약의 내용보다 포장이나 선전에 더 이끌리는 것을 보고 자기 암시에 대한 연구를 하였다. 고객들에게 <나는 날마다 점점 더 좋아지고 있다>는 암시를 하게 함으로 병이 놀랄 정도로 빨리 회복되는 것을 알게 되었다. 당시에는 별로 호응을 받지 못한 학설이었으나 요즈음에는 학교, 병원, 각종 수련회, 재활 교육, 교도소에서 널리 응용되며 큰 효과를 보고 있다고 한다.

누구나 자신의 앞날이 밝고 즐겁고 행복하기를 바랄 것이다. 나는 학벌이 없고 인정받는 자격과 기술이 없어서 당장 먹을 것을 걱정하는 판에 무슨 목표가 있겠느냐고 미리 주저앉으면 원하지 않아도 가난하고 슬픈 삶 속으로 떨어지고 만다는 얘기다. 그 반대의 예는 헤아리지 못할 정도로 많다. 병 속의 벼룩이 되느냐, 창공의 솔개가 되느냐는 나에게 달려 있는 것이다.

「잭 캔필드」가 쓴 책 「영혼을 위한 닭고기 수프」에는 이런 이야기가 실려 있다.

미국에 「몬티 로버츠」라는 소년이 있었는데 그의 아버지는 평생 여러 지방을 돌아 다녀야만 하는 가난한 떠돌이 말 조련사였다. 그가 고등학교 졸업반 때 담임선생은 학생들에게 <훗날 어떤 인물이 되고 무슨 일 하기를 원하는지 써내라>는 숙제를 주었다. 그는 커다란 말 목장의 주인이 되겠다는 인생 목표를 적어 내었다. 25만 평의 목장에 들어설 건물들, 마구간, 말이 달리는 트랙의 배치도와 그가 살 백 평 집의 설계도까지 붙이며 자신의 꿈을 일곱 장의 종이에 상세하게 적었다. 며칠 후 소년은 숙제를 되돌려 받았는데 겉장에는 크고 붉은 글씨로 F학점이 적여 있었다. 선생은 지금의 네 처치로는 전혀 가능성이 없으니 현실적인 목표를 세워 다시 제출하라고 했다. 일주일 동안 고심한 소년은 한 자도 수정하지 않은 숙제를 다시 제출 했다.

"선생님은 F학점을 주십시오. 나는 내 꿈을 이루겠습니다."

그 소년이 그 후 어떻게 되었을까? 20년 후, 샌 위시드로 시에 여러 부속 건물들과 마구간, 트랙, 백 평의 집이 있는 25만평의 말 목장 주인이 되었다. 그가 졸업반 때 제출한 숙제 그대로였다.

얼마 전, 그 때의 담임선생이 30명의 학생을 인솔하고 그 목장에서 일주일 간 야영을 하고 떠나면서 제자인 목장 주인의 손을 잡았다.

"나는 학생들의 꿈을 훔치는 도둑이었다."

한국과 우리 주위에서도 그 소년과 같은 사람을 많이 보고 있다. 그 소년이 꿈을 실현한 것은 암시를 주며 그에 합당한 노력을 하였음은 물론이다. 바라는 미래를 생각하는 것만으로 그친다면 가을에 익을 감을 생각하며 봄부터 감나무 밑에 누워 있는 어리석은 일이 될 것이다. 그 담임 선생과 같은 현실적이고 선의의 조언자와 지도자도 꽤나 많이 있다. 그런 장애까지 뛰어 넘지 못한다면 병 속의 벼룩 꼴이 되고 말 것이다.

"너는 5년 뒤에 어떤 모습을 하고 있을 것이라고 생각하나?"

"바다가 보이는 산등성이 내 집 정원에서 건강한 몸으로 책을 읽거나 여행 계획을 짜고 있겠지. 너무 소박하다고? 아니야, 그 것으로 만족하고 그 모습 그대로일거야"

당신은 어떤 바람을 갖고 있으며 그를 위해 무엇을 하고 있고 5년 후, 10년 후에는 어떤 모습을 하고 있을까를 생각하며 어떤 암시를 주고 있습니까?(*)

내려놓기

며칠 전에 좋은 책을 만났다. 정년을 3년 남긴 국립 대학교 학장이 미리 사직하고 중국 연변에 가서 조선족을 상대로 한국어 교육, 독서운동, 한국어 학교 지원 활동을 하고 있는 어느 교수가 수기 형식으로 쓴 글이다. 인정받고 대접 받는 자리를 그의 말대로 "줄 서서 기다리는 후배들을 위하여" 내 놓은 것도 그렇고 마땅한 지원이 없는 어려운 상황인 줄 알면서도 타국에서 한글 교육을 시키는 용단도 대단하다.

보람 있는 일을 하며 사는 사람들의 얘기를 가끔 듣고 있지만 그 교수에게 박수를 치고 싶은 것은 탈도 많고 사고도 많고 자신의 이속만 챙기는 사람들의 얘기를 너무 자주 보고 들은 때문일 것이다.

원죄라는 말이 있다. 나는 오래도록 성적(性的)인 타락만을 비유한 말로 알고 있었다. 그 원죄라는 것이 모든 욕심이라는 것을 안 것은 불과 몇 년 전의 일이다. 죄의 뿌리는 욕심이다. 내 경험으로는, 욕심에 이끌리게 되면 딴 길이 보인다. 그 길로 가는 것이 틀림없을 것 같고 성공할 것 같고 행복할 것 같다. 쉬울 것 같고 빠를 것 같다.

사람은 오욕칠정(五慾七情)에 산다는데 오욕 중에서 어느 욕망이 더 강한가는 사람에 따라 다르고 처한 환경에 따라 다를 수 있기에 무엇이라고 말할 수는 없다. 다른 말로 하면 모두 다 강하기 때문이다.

배부르고 등이 따뜻하면 생각하는 것이 불륜이고 그 다음은 명예욕에 사로잡힌다는 말이 있다. 욕심의 끝은 없겠지만 사는 것이 웬만해진 지금이라서인지 제 이름을 내 세우려는 사람들이 유난히 많은 요즈음이다. 어느 단체나 주도하고 이끌려고 하는 사람이 있다. 힘겨루기와 편 가르기가 맹렬하다. 내가 아니면 안 된다고 생각하며 내가 없으면 당장 그 단체가 없어질 것처럼 행동한다. 자리를 차지하지 못하면 떼거리를 몰고 탈퇴하여 이름만 다른 거의 같은 성격의 새로운 모임을 만들고는 곧장 경력 란에 올린다. 경력이 한 줄 더 늘었다고 더 대단해 보이는 것도 아닌데 왜 그러는지 갸우뚱 하다가도 저 사람은 학교 다닐 때 줄반장 한 번 못 해 본 한풀이를 하는 것이라고 생각하면 그런대로 이해는 하게 된다.

몇 몇 자선 단체와 종교 단체도 말은 단체를 섬긴다고 하지만 실상은 자기 마음대로 지배하고 다스리려고 한다. 욕심에게 지배를 받게 되면 객관적인 판단력이 흐려져서 욕심에 욕심이 더하게 되어 나중에는 솔개에 쫓긴 꿩이 아무데나 머리를 쑤셔 박는 몰골로 신문에 사진이 나오는 것을 종종 보고 있다.

기독교 어느 교단 총회를 취재했던 교회 집사인 기자가 쓴 글이 있다. 사랑과 용서를 입에 달고 다니는 목사들이 모여 총회장을 선출하는데 회의장에서 갖은 비난과 폭로, 욕설과 폭력이 난무하는 것을 보고 "내가 다시 교회에 다니면 사람이 아니다."라고 흥분 했다.

몇 년 전에 두 분의 참 스승이 우리 곁을 떠났다. 김수환 추기경과 법정 스님이다. 두 분이 한국인이었다는 것이 자랑스럽고 우리 세대에 같이 계셨다는 것만으로도 고맙고 감사하다. 모든 것을 다 내려놓고 올 때처럼 빈손으로 돌아가는 모습이 당당하고 멋있고 아름답다. 재력이 풍부한 교회임에도 다른 교회들과 달리 큰 교회를 짓지 않고 그 돈으로 탈북자들의 자립을 돕기 위한 몇 개의 공장을 운영하는 목사님 얘기도 들었다. 이 분들은 행복하게 사는 것 보다 더 잘 살겠다고 발버둥 치는 세태 속에 사는 우리들에게 긴 여운을 남기며 느끼게 하고 깨우치게 할 것이다.

훈훈하고 좋은 분들이 많음을 안다. 구두쇠 소리를 들으며 평생 모은 돈을 장학금으로 내 놓은 사람도 있고 학문 연구와 가난한 사람들의 치료에 써 달라고 전 재산을 기부한 사람도 있다. 구체적인 예를 들지 않음은 그 분들의 자료를 준비하지 못하기도 했지만 그런 분들이 일일이 열거하지 못 할 정도로 많기 때문이다. 그래서 살 맛이 난다.

훌륭한 사람은 인품, 생각하는 것, 전문지식 등 남과 다른 자질을 갖고 있겠지만 그 것보다 버려야 할 것이 무엇인지, 내려놓아야 할 것이 무엇이고 그 때가 언제인지를 알고 있는 사람이며 아는 것에 그치는 것이 아니라 직접 행하는 결단과 용기가 있는 사람일 것이라고 다시 한 번 생각해 본다.
 "나는 내려놓을 것이 하나도 없는데 어떻게 하죠?"
 "겸손을 가장하여 건방 떨지 말고 그런 생각부터 내려놓으시죠."(*)

입시제도

유난히 마음이 여리고 감상적이며 자연을 많이 닮은 맑은 사람들이 있다. 또 눈에 띠게 독특하거나 탁월한 취향을 가진 사람들과 아이들이 있다. 내가 듣고 본 것만으로도 꽤나 많은 예를 들 수 있다. 어느 지방에서 초등학교 2학년인 아이는 담임선생이 애가 매일 지각한다고 가정 지도를 요청했다. 집에서는 일찍 학교에 가는 아이였다. 이상하여 뒤를 밟으니 꽃을 보고는 쪼그리고 앉아 살피고 여러 가지 나뭇잎도 한참 만져보다가 학교에 가더라고 했다. 동네 담장을 숯으로 그림 도배를 한 아이도 있었고 개미 등 곤충을 보면 해지는 줄 모르고 살피던 한 아이는 벌에 쏘여 병원에 갈 정도로 큰 상처를 입었다고 한다. 클래식 음악을 들으며 울다 웃다하는 아이, 별자리에 훤한 아이, 무슨 물건이든 두드려 보고는 소리의 차이를 기록한다는 아이, 스스로 만든 로켓을 쏘다가 손가락을 다친 아이도 있었다. 그 중에 안타까운 얘기는 집에 있는 모든 물건을 분해하고 조립하는 것을 즐기던 아이는 아버지가 아끼던 컴퓨터를 분해했다가 도저히 맞출 수는 없고 후환이 두려워서 목을 매었다는 얘기다. 이런 아이들은 문제아로 찍히어 집 안팎에서 따돌림 당하는 것은 기본이고 매 맞고 눈치 보다가 취미를 접은 아이도 많이 있을 것이다. 괴테, 베토벤, 파브르, 시튼, 에디슨, 피카소, 아인슈타인이 그렇게 사라지는 것이다.

돈이 없어서 진학을 포기하는 안타까운 일은 접어놓고 수학 한 문제를 틀려서, 영어 단어 몇 개를 몰라서 원하는 대학, 원하는 학과에 들어가지 못 하고 어쩔 수 없이 재능과 특기를 포기하거나 일반적인 삶으로 방향 전환을 한다면 개인적 좌절감이 큰 것은 물론이고 국가적, 세계적으로도 큰 손실일 것이다.

정부 수립 이래 교육제도의 단면을 보여 주는 입시제도는 너무 자주 바뀌었다. 중학교, 고등학교, 대학교 다 마찬가지다. 몇 사람이 모여 얘기하다 보면 제각기 다른 방식의 입학시험을 보았다. 고등학교도 <평준화>라는 명목 아래 제비뽑기를 하더니 부분적이나마 학교 자유 선택제로 바뀐다고 한다.

대학 입시도 그렇다. 내가 입학할 때는 대학 별, 학과 별로 시험을 쳤고 1차 대학에 입학하지 못하면 재수를 하던지 마음에 맞는 2차 대학에 응시하였다. 그러나 지금은 몇 개 대학에 지원하고 2차 지원 대학에 입학했는데 1차 지원 대학에 결원이 생기면 지불했던 등록금을 찾아 옮겨가는 제도다. 그래서 생긴 빈자리는 3차 지원 대학에 들어간 누군가가 옮겨서 메운다. 이런 우습고 더럽기까지 한 입시제도가 비교적 오래 지속되는 것이 더 이상하다. <악화가 양화를 밀어 낸다>는 경제용어에 딱 들어맞는 꼴이다.

어느 대학교수는 "한국의 교육이 제대로 되려면 교육을 다루는 행정부서가 없어져야 한다."고 했다. 오죽하면 그런 말을 했겠는가.

최근에 대통령이 면접만으로 입학하는 때가 있을 것이라 했다. 꿈같지만 반가운 얘기다. 초등학교부터의 생활기록부와 성적, 활동 상황을 감안하여 선발한다는 것 일 텐데 인문계든 이공계든 적성에 맞는 공부를 하게 되며 재능과 특기가 있는 아이들이 제 꿈을 펼치고 빛을 발하는 교육이 되었으면 좋겠다.

그것이 말처럼 쉽지는 않을 것이고 특히 예술 계통은 더 어려울 것이다. 한국의 교육열로 보아 치마 바람에 바지 바람까지 가세하고 <차떼기>는 아니더라도 돈 봉투가 횡횡 날아다닐 터이니 그 꼴은 또 어이 보나. 하나님은 입시철만 되면 살려달라고 저마다 철야 기도를 하며 매달리는 학부모들 때문에 한국의 입시 제도가 빨리 합리화되기를 가장 바라고 있을지도 모른다.

교사, 교수, 행정담당자도 골치 아프겠으나 한국의 교육 정책을 보고 있노라면 내 머리도 몹시 아파진다.(*)

편견

 이민 초기에, 이민 선배들에게서 도움말을 많이 들었다. 그 분들의 도움이 없었다면 꽤나 헤매었을 것이다. 사업을 찾기 시작하면서 부터는 사업 보다는 사업과 연관되어 만나게 될 사람들에 대한 조언이 많았다.

 원주민인 네이티브들은 아예 상종을 하지 마라. 인도와 파키스탄 사람들을 믿지 마라. 러시아와 옛 소련 연방 사람들은 수전노이고 양보가 없다. 중국 사람들은 속을 내 보이지 않는다. 베트남과 필리핀 사람들을 잘못 건드리면 칼침 맞는다. 아랍 사람들은 허풍쟁이고 사기꾼이 많다.

 부정적인 말이 많았지만 30년이 넘는 이민 생활 중에 직접 부딪치며 배운 값진 체험담이기에 메모까지 하며 열심히 들었다. 여러 민족이 함께 사는 캐나다에서의 생활이 만만하지 않을 것이라는 느낌도 강하게 받았다.

 한국 사람과 동업하지 말라는 얘기는 참 여러 번 들었다. 형제끼리, 친구끼리, 동서 지간에 동업하다 원수 된 얘기를 구체적인 예를 곁들이며 누차 강조 했다.

도착 2년 안에 개인 사업체를 가져야 하는 <기업 이민> 조건에 맞추기 위해 시간적으로 쫓기도 있을 때 이민 경력 33년 되는 교민 한 사람이 좋은 사업이 있다고 적극 추천하기에 몇 번 현장을 확인한 후 함께 동업하기로 약속하였다. 들은 얘기가 있어서 사업을 운영하며 발생할 수 있는 문제점 몇 가지의 해결 방법도 계약서에 명시하였다.

같은 비율로 투자하기로 하였으니 사업과 연관 된 모든 재산이 공동 소유인데 동업자가 나에게 어떤 양해도 구하지 않고 사업체의 건물을 담보로 은행 융자를 받고 그 돈을 자기 투자 금으로 넣으려는 것을 알았다.

<처음부터 이래?>

그 동업자를 잘 아는 다른 이민 선배들에게 물으니 그는 마약 밀매를 하다가 구속 된 일이 있고 nude bar를 운영하면서 여러 번 단속에 걸린 일이 있었다는 것을 알고 변호사에 제출할 계약서에 공식 서명하기 직전에 동업 약속을 파기하였다. 여러 번 들은 동업하지 말라는 조언과 그런 전력이 있는 사람은 또 다른 범죄에 연루될 가능성이 높다고 생각되어 냉정하게 끊으며, <큰 일 날 뻔했다.>고 가슴을 쓸어 내렸다. 편견이 준 고마운 일 중 하나다.

내 사업을 비롯하여 호텔 매니저, 회사 직원, 편의점 등에서 일하며 원주민들의 막가파식 생활과 무례함, 여러 인종 간 문화적 차이에서 받은 불쾌함이 쌓여 이민 선배들의 조언은 기초 정보가 아니라 점점 편견으로 굳어갔다.

어느 단체에 속한 사람들의 1%도 안 되는 사람을 보고 그 단체를 판단함은 경솔한 일이지만 들은 조언이 선입견을 넘어 <그렇구나!>로 자리매김 하게 되는 현실이 놀라웠다.

사람은 태어날 때부터 공평하지 않다. 가난과 부함, 건강과 약체, 재능이 많고 적음 등 각자의 환경에서 자라고 느끼면서 어느 사람, 단체에 대한 편견이 생기고 나 또한 편견의 대상이 되기도 한다.

알고 보면, 우리는 보편성과 객관성이 있다고 우기며 많은 편견 속에 살고 있다. 출신 지방, 빈부, 학교, 학력, 성별, 인종, 종교, 조상, 피부색 등 여러 면에서 편견을 갖고 있는데 뚜껑을 열고 보면 대부분 주관적인 것이 많다.

가난한 사람은 부자들을 부도덕하고 권모술수에 능하다고 보며 부자는 가난한 사람을 무능하고 게으르다고 생각한다. 일부 계층은 돈을 터부시 하고 일부는 돈을 우상화 한다. 그 것도 편견이다.

사우디아라비아 병원 건축 본부에서 일 하던 때의 일이다. 80년대 초 미화 2억불의 큰 현장이다 보니 현장 소장은 전무였고 부소장은 이사였으며 2 천명이 넘는 현장 노무자와 직원 수가 70 여 명이 되는 대가족이었다.

소장이 직원 한 명을 몹시 싫어했다. 웃고 얘기 하다가도 그 직원이 보이면 금시 상을 찌푸렸고 옷차림, 밥 먹는 모습, 걸음걸이와 목소리 까지 싫어하는 정도였는데 때로는 구체적으로 지적하면서 야단을 쳤다. 공문을 올리면 글씨를 탓했고 타이핑하여 올리면 내용을 흠 잡았다. 그 직원은 완전히 얼어서 멀리서 소장이 보이면 숨었고 소장 앞에서는 안 하던 실수도 유난히 자주 했다. 인간관계의 악순환은 그렇게 계속되었다.

　지나친 편견으로 그 직원의 마음고생이 많다고 소장에게 여러 번 변명해 주었으나, "왜 그런지 나도 몰라. 처음부터 싫었고 볼수록 싫어. 어쩌지?" 미워하는 특별한 이유가 없었다. 그 후로도 상황은 변하지 않았다. 통상적으로 8개월 근무하고 보름 휴가 후 다시 현장으로 돌아가는데 그 직원은 소장이 원하지 않아 본사에 남아 있다가 얼마 후 세상을 떠났다.

　뒤에 들은 얘기는, 전과 달리 얼이 빠진 듯 하고 무엇엔가 쫓기는 듯 불안해하더니 어느 날 입원해서는 이틀 만에 죽었다고 했다. 소장에게 미움을 받은 것이 그의 죽음과 직접 연관이 있다고 말 할 수는 없다. 간접적으로 연관이 있다고 하면 그런 것도 같고 아닌 것도 같다. 편견을 갖는 다는 것이 여러모로 바람직하지 않지만 어떤 편견이 특정인에게 집중될 때에는 예상치 않은 위험한 결과로 이어질 수 있음을 생각하게 되었다.

　첫 손님이 여자면 장사가 안 된다는 상인, 장님과 마주치면 재수 없다는 사람, 남색 옷을 입은 사람이 바로 앞에서 길을 건너면 아예 집에 들어가 쉰다는 운전기사도 있다.

　우리는 살아가면서 많은 생각을 한다. 그 중에 편견의 비중이 높다는 것도 알고 있지만 생각을 하지 않고 살 수는 없다. 그러니 가끔 돌아보면서 내가 갖고 있는 편견을 객관적인 눈으로 희석 시키며 살 수밖에 없을 것이다.(*)

출구 없는 방

〈가르셍〉이라는 남자와 두 여성, 〈에스텔〉과 〈이네스〉가 같은 호텔, 같은 방에 함께 투숙하면서 이 희곡은 시작된다. 그 방은 몇 가지가 별나다.

첫째, 출구가 없다. 한 개 있기는 한데 밖에서 잠기었는지 열리지 않는다.

둘째, 방의 전등은 꺼지지 않고 계속 켜 있다.

셋째, 거울이 없다.

거울이 없어서 나는 볼 수 없는데 전등이 꺼지지 않음으로 다른 두 사람의 동작은 사소한 것까지 늘 보게 되고 출구가 없으니 방에서 벗어 날 수가 없다.

권태와 짜증으로 셋이 각각 때로는 이 편 저 편으로 갈라서 싸우다가 함께 문을 열려고 힘을 모아 보기도 하지만 문은 절대로 열리지 않는다. 어느 날, 벽면에 스크린이 비춰지는데 그 장면은 바로 자신들의 장례식이다. 세 사람은 영상을 통해 자신들이 이미 죽었다는 것과 죽은 후 지옥에 떨어졌다는 것도 알았지만 지옥이라면 반드시 있어야 하는 불바다와 고문 기구들과 괴롭히는 악마가 없음을 이상하게 생각 한다.

다시 반복되는 짜증나는 일상이 반복되던 어느 날 셋이 힘을 모아 문을 여니 그렇게 완강하던 문이 쉽게 열린다. 전혀 예상하지 않았던 일에 세 사람은 어이없고 놀라서 서로를 바라보는 중에 문은 스스로 닫히고 만다. 아차하고 다시 문을 열려고 힘을 합하지만 닫힌 문은 꼼짝도 하지 않는 중에 희곡은 끝이 난다.

'출구 없는 방'은 세계 2차 대전이 한창이었던 1944년에 쓰여 졌다. 작가인 프랑스의 장 폴 샤르트르는 알려진 대로 까뮤와 같이 <실존주의 철학>을 대표하는 철학자 중에 한 명이다.

<철학>하면 딱딱하고 골치 아프게 생각 하는데 <실존주의>는 쉽게 말하면 현실을 그대로 인정하고 현실을 중요시 한다는 생각이다.

예를 들면, 내가 여름 날 오후에 털 잠바에 털모자를 쓰고 밖에 나간다면 다른 사람들 차림에 거의 무관심한 캐나다 사람들조차 이상한 눈으로 바라 볼 것이다. 한국에서는 말 할 필요도 없다. 내가 그런 차림으로 밖에 나간 것은 지독한 감기에 걸려 병원에 가는 길인데 덜덜 떨 정도로 너무 추웠기 때문이다. 일반 사람들은 반 팔 옷을 입고도 더운 여름 오후지만 털옷을 입고도 추운 걸 어쩌란 말이냐? 현재 내가 처한 처지에 따라 현실에 맞게 행동한다는 생각인

데 일부러 어렵게 말하면 <실존주의 철학>이 되는 것이다. 철학이라고 이름 붙인 것들이 알고 보면 다 그렇다. 데카르트. 칸트, 헤겔, 융, 니체 등 잘 알려진 철학자들도 생각을 좀 깊이 한 보통 사람들이다. 내가 어떤 생각을 갖고 있을 때 많은 사람들이 내 생각에 공감한다면 나는 그 철학의 태두가 되는 것이다. <철학>이라면 몇 몇 머리에 뿔 난 사람들이나 하는 어려운 학문이라고 지레 겁을 먹고 피할 일이 아니다.

애기가 한참 빗나갔다. 다시 제 자리로 돌아가자.
같은 방에 들어 간 세 사람은 잠긴 방안에서 영원한 시간을 보내야 하는 상황에 처한다. 외부와 단절된 방 안의 한 남자와 두 여자! 누군가는 <그 놈 땡 잡았네.>라고 나와 똑 같은 생각을 하며 실실 웃을 지도 모른다.

아무런 문제가 없을 것처럼 보이는 그 방은 금세 육체적인 고통보다 견디기 힘든 고통을 안게 된다. 거짓, 배신, 허세, 속임수에 비난과 경멸과 욕설. 인간이 서로에게 줄 수 있는 많은 고통 중에서 불과 몇 가지뿐인데도 좁은 방안은 고통으로 가득하게 된다. 지옥은 꺼지지 않는 불구덩이, 영원한 고문과 고통과 악마가 가득한 장소만이 아니다. 이 세 명은 서로에게 충분히 고통을 주는 역할을 잘 감당한다. 지옥을 조그만 방안으로 옮겨옴으로써 지옥에 대해 새로운 해석을 하고 있는 것이다.

무신론자이며 인간적인 관계에 대해 굉장히 부정적인 견해를 가지고 있던 사르트르는 인간은 존재하기 위해서 공동체를 만들어 살아가지만 스스로 만든 그 공동체 속에서 진정한 자유는 억압 받게 되고 그런 상황에서 영원히 벗어 날 수 없다고 생각 했다.

세 사람이 본 스크린에는 각자의 장례식과 유족들의 모습 뿐 아니라 그들의 생애가 비춰진다. 어느 때 어떤 일은 내 인생의 중요한 분기점이 된 일이지만 무심히 넘겨 버린 것을 알게 되며 그 때 어떻게 처리 했어야 한 일과 이럴까 저럴까 망설이다가 시간을 놓친 일도 꽤나 많았다. 유족들의 반응도 자신들이 생각한 만큼 숙연한 것이 아니고 그들이 곧 나를 잊으리라는 것도 안다. 잘 생각해서 그때 그때 일을 처리하지 못한 후회가 들지만 이미 죽었음으로 돌이킬 수가 없으며 자신의 삶을 변화시킬 의지와 권리가 없다. 영국의 극작가 버나드 쇼 처럼 <나 우물쭈물 하다가 이렇게 되었다>를 묘비에 써 놓지 않으려면 <지금 잘 해>, <있을 때 잘 해>야 한다. 그 것이 바로 지금 행동해야 할 것은 지금 해야 한다는 실존주의이다.

지금까지와 같이 앞으로도 무대에 자주 올려 질 이 희곡을 읽으며 또 하나를 생각하게 된다.
　<내가 지금 처해 있는 상황이 혹시 지옥은 아닌가?>
　<내가 지금 누군가에게는 지옥의 악마가 되어 있는 것은 아닌가?>

어떤 면에서 보면, 이야기 전개가 한참 정점에 도달한 때에 희곡은 끝이 난다. 그 다음 이야기 전개의 책임은 나에게 있다.

그 것은 아마,

<지금부터 나는 어떻게 살아가야 하는가?>일 것이다.(*)

8부
마약

강가를 거닐며

　강을 낀 오솔길을 걷는다. 사스카추완 강. 두세 글자의 한국 강이름에 익숙해져서인지 강 이름이 길고 낯 설다. 원주민 말이라고 하는데 뜻은 모르겠고 크고 작은 공원들을 거느리고 에드몬톤 시의 중앙을 서에서 동으로 가로지른다. 발원지는 로키 산이다. 손 넣는 것조차 미안할 정도로 맑던 샘물이 흐르고 흐르는 동안 세상 시름을 다 안으며 흘러서인지 탁하여 졌다. 그래서 더 정이 간다. 4월에 들어섰는데도 반 이상이 얼음으로 덮여있다. 강 따라 끊임없이 이어진 오솔길의 끝은 어디인지 가늠하기 어렵다. 내 기분에 맞춰 걷는 산책길이니 오솔길의 끝을 생각하는 자체가 의미는 없다.

　시내에서 차로 십 분만 나가면 지평선을 볼 수 있는 너른 캐나다 땅이다. 김제의 만경평야를 본 적이 없는 나는 이곳에서 지평선을 처음 보았을 때 탄성이 절로 나왔다. 가까이에 있어서 언제나 찾아갈 수 있는 한국의 산은 삶의 일부였고 숭배의 대상이며 신성한 장소였고 친구였다. 살아서는 산자락에 의지하였고 죽어서는 그 산에 뼈를 묻었다. 바위마다 계곡마다 가득한 전설은 우리와 함께 자랐으며 작은 우주라 할 정도로 모든 것이 들어있었다.

　로키산은 말 그대로 바위산이다. 그 높이와 규모가 엄청나다. 억센 바위들로 이어진 로키의 산들은 말로 표현 못할 위압감을 준다. 대단하다! 그러나 한국 산들에게서 느끼는 포근함은 없다. 아기자기함과 섬세함과 너그러움과 따사로움은 없다. 느낌이 다르다는 것일 뿐 이곳과 그곳의 산들은 정말 좋다. 차로 네 시간을 달려야 로키 산을 만나니 시내에서 한 시간 쯤 되는 곳에 산이 하나 있으면 좋겠다는 생각을 한두 번 한 것이 아니다..

　오솔길에 스며든 저녁노을이 곱다.
　몇 걸음 숲으로 들어가서 바지 지퍼를 내리고 비료를 준다. 나는 아무런 죄 의식 없이 비료를 주었는데 주위의 나무와 들꽃들이 부끄러운 일이라고 온 몸을 붉게 물들인다.
　앞에선 나무는 가지 뻗음도 그렇고 전체 모양이 별로다. 누구도 눈길조차 보내지 않았을 나무다. 버림받았다고 생각하여 누가 돌을 던져도 내게 관심을 보여 주는 것이라고 고마워할 것 같다. 그 마음이 안쓰러워 나무 등걸을 쓰다듬는다. 건물들로 막힌 도시의 노을이지만 그래도 아름다움은 숨기지 못한다.

　산이 가까이에 있는 한국은 축복 받은 것 중에 하나다. 예전에는 물류 상에 문제가 있었겠지만 산이 많음으로 각 지방과 지역의 고

유성을 지킬 수 있었다. 오래 전의 일이다. 김룡사를 둘러 나오다가 우리 일행 세 사람은 문경새재를 걸어서 넘어 가자는데 의견을 같이 했다. 피곤하면 쉬고 날이 저물면 여관을 찾기로 했다. 새들은 쉬어가고 굽이굽이 눈물 난다는 문경새재다. 조선시대와는 많은 것이 달라졌겠지만 그런대로 예스러운 멋이 있다. 세월이 지나면 새 것도 이렇게 자리를 잡는 모양이다. 우리는 말없이 걸었다. 힘도 들었고 굽이마다 새로운 풍광에 입을 열 여유가 없었다. 어느 곳은 다 지난 줄 알았던 여름이 거기에 있었다. 누구든 한 명이 앉으면 같이 쉬고 한 명이 일어서면 같이 걸었다. 길 아래가 길이고 산 아래가 산이었다.

잠시 쉬며 강물을 보다가 섬진강이 생각났다. 해 질 무렵 연곡사 근처 난간에 기대어 보는 섬진강은 느긋하고 아름다웠다. 진홍색이라 생각하다 다시 보니 보라색이고 또 다시 보니 황금색이다. 무언가 애틋하고 간절함이 배어 있는 듯도 하다. 한참을 그렇게 서 있는데 언제 왔는지 모를 옆에 선 연인 한 쌍이 속삭이듯 하는 말이 들린다.
"아름답지?"
"응. 그런데 괜히 눈물이 나와."

오솔길의 주인은 말 할 것도 없이 햇살이다. 그런데 이 오솔길의 주인은 게으르다. 어느 곳이든 앉으면 졸고 있을 뿐 도무지 군림하려 들지 않는다. 청설모나 작은 새 한 마리가 나타나면 얼른 주인 자리를 양보한다. 어느 날은 딱따구리를 만난다. 몸집에 비해 나무를 찍는 소리는 대단하고 단호하다. 그 소리가 너무 커서 온 공원이 울릴 정도인데, 역설적으로, 그래서 공원은 더 적요해 진다.

EMILY MERPHY 공원. 일주일에 세 번 정도 오는 곳이다. 큰 나무들이 많고 곳곳의 야외용 식탁마다 바비큐 화로가 붙어있어서 가족이나 작은 규모의 모임이 많은 곳이다. 거의 조용하고 언제나 조용하다. 오래도록 그렇게 많이 오고 간 오솔길인데 지나 온 곳을 또 지나도 언제나 새롭다. 공원 입구에 EMILY MERPHY 전신상의 동상이 있다. 캐나다 사람들에게는 기억해야 할 사람인지 몰라도 그냥 평범한 아주머니. 내 나름대로 공원 이름을 바꾸었다. <해우소(解憂所)>. '근심을 털어내는 곳'이다. 뒷간이라고? 아니. 이곳에 오면 모든 시름이 사라짐으로 나 혼자 붙인 이름이다. 더 좋은 별명은 없을까? 아직까지는 숙제다.

어느 해 겨울 알버타 대학에서 하는 행사에 참석 했다. 주차료가 20불인데다 시간 여유가 있어서 공원에 차를 세우고 걸어서 행사에 참석하고 밤늦은 시간에 공원으로 왔다. 가로등이 없다보니 섬뜩할 정도로 깜깜하다. 눈길 둘 곳을 찾다가 하늘을 본다. 이렇게 밤하늘을 보는 것이 얼마만인가? 겨울은 밤을 보는 계절이라는 생각이 들었다. 좀 더 많은 별들이 있었으면 좋겠다는 생각을 하며.

쓰러진 통나무 위에 걸터앉는다. 나이테를 세어 본다. 나무에 나이테가 있다는 것은 어려움을 겪으며 사람이 성장하듯 겨울에도 나무는 자란다는 것일 게다. 공원에 왜 그리 자주 오느냐고 스스로에게 묻는다. 세상사를 생각해 보고 내 주변을 돌아보고 나 자신을 보고 이것저것 생각해 보기 위해 온다. 아니, 아무 생각도 하지 않기 위해서 온다. 그런 것은 왜 묻느냐고 스스로를 꾸짖는다. 그냥 좋아서 온다.

나와 같이 쉬었다는 듯 강물은 다시 저리로 흘러간다.
나도 다시 걷는다.(*)

이솝 이야기

　이솝(Aesop)은 기원 전 6세기 그리스 사람이다. 그가 남긴 우화는 지금까지도 전 세계 사람들이 재미있게 읽고 있으며 말과 글에 많이 인용하고 있다. 신분은 노예였다. 어느 시대 어느 곳이든 노예는 제대로 대접 받는 신분이 아닌 것만은 분명하다. 16세기의 예언가 노스트라다무스는 종교적인 오해를 피하기 위해 일부러 어려운 말로 에둘러 예언을 하였기에 지금까지 그 진의를 해석하려는 연구가 계속되고 있지만 이솝은 신분 때문인지 대놓고 지적하지 않고 동물에 빗대어 인간 세상의 여러 모습을 풍자하였다.

　생김새나 몸매가 사자 같은 사람이 있고 사슴이나 올빼미 같은 사람이 있는가 하면 하는 행실이 호랑이 같은 사람이 있고 여우나 쥐 같은 사람도 있으니 이솝 이야기에 나오는 주인공들은 바로 우리의 이야기가 되는 것이다. 몇 번 읽어도 사람의 생각, 마음 씀씀이, 살아가는 모습이 몇 천 년 전이나 지금이나 그것이 그것이라는 생각을 하게 되며 쉬운 말로 하는 교훈과 재치에 감탄하게 된다.

그의 번득임은 일상생활에서도 이어졌다. 어느 날 이솝의 주인 크상투스가 술자리에서 과음하는 것을 보고 말렸으나 이솝의 충고를 무시하고 계속 술을 마시다가 터무니없는 허풍을 떨고 말았다.

"나는 바닷물을 전부 마실 수 있다."

자기의 명예와 모든 재산을 걸고 내기를 한 크상투스는 술에서 깨어나자 크게 후회 하면서 이솝에게 살아날 구실을 알려 달라고 간청 했다. 마침내 내기를 집행하는 날 이솝의 지혜를 빈 그는 몰려든 사람들 앞에서 큰 소리로 말했다.

"여러분 지금부터 바닷물을 마시겠습니다. 그런데 바다 속으로 자꾸 흘러 들어오는 강물까지 마신다고 하지는 않았습니다. 그러니 내기를 한 사람은 빨리 강물의 흐름을 막아 주십시오. 그러면 바닷물을 전부 마시겠습니다.'

셰익스피어의 작품 중에 〈베니스의 상인〉이라는 5막의 희곡이 있다. 워낙 유명한 작품이라 거의 모든 분이 읽으셨을 것이다.

베니스의 상인 안토니오는 친구인 바시디오로의 부탁을 받고 자기 배를 담보로 유대인 고리 대금 업자인 샤일록에게서 돈을 빌린다. 샤일록이 제시한 요구 조건에 따라 돈을 갚지 못할 때에는 자기 살의 일 파운드를 제공한다는 증서를 샤일록에게 준다. 빌린 돈을 갚지 못한 안토니오는 재판을 받게 된다. 그 때 재판관은 "일 파운드의 살은 떼되 피에 대한 언급이 없음으로 피는 한 방울도 흘려서는 안 된다"고 판결한다. 결국 흑심이 들어 난 샤일록은 패소하고 전 재산을 몰수당한다.

　내용은 다르나 어딘지 흐름과 느낌이 비슷하다. 이솝이 이 천 년 이상 선배이고 당시 유럽에서 이솝이 널리 사랑 받고 있을 때이니 셰익스피어가 모방을 했을 수도 있다. 아니면 어떤 힌트나 영감을 얻었을지도 모른다. 그것은 여담이고 이솝은 재치와 지혜가 많은 사람이고, 셰익스피어는 세기와 세계를 뛰어 넘는 유명한 극작가임에 틀림이 없다.

　한국 소식을 인터넷으로 보고 듣는 마음은 그다지 밝지가 않다. 요즈음은 특히 더하다. 한반도의 일은 내 나라 우리의 일이니 남과 북이 하나가 되어 다른 나라들을 이겨 나가야 하는데 서로 대치하노라 피차 많은 인력과 엄청난 방위비가 낭비되고 있으며 미국, 중국, 일본, 러시아의 눈치를 살피고 그들 입맛에 맞게 조율되고 있다. G20이니 APEC이니 각국 정상들이 모이는 회의에서는 정상들이 서로 악수하고 포옹하며 친분을 과장하지만 저마다 자기 나라의 이익을 위해 눈이 벌겋다. 모두 권모술수가 능한 사람들이고 모두가 장사꾼으로 보인다.

　세상 물정을 모른 채 최고 지도자의 자리에 오른 천둥벌거숭이는 핵실험, 로켓과 미사일 발사로 국제적 고립과 재제를 자처하여 가뜩이나 어려운 민생을 어렵게 만들더니 개성 공단을 폐쇄하였고 핵 공격을 당장 감행하겠다며 아슬아슬한 전쟁놀이를 하고 있다. 이를 구실로 미국에게는 많은 무기를 팔 명분을 주고, 일본의 초강경 우파, 미친 아베 정권에게는 자위대를 보강하며 전투력을 증강시키는 구실을 주고 있다.

전쟁에 비견되는 무서운 무한 경쟁 시대인데 한국의 노조는 툭하면 파업을 하여 공장들이 서둘러 해외로 나가고 있기에 실업자는 흘러넘치고 있다. 국제적으로 유명한 해킹 단체인 <어나니머스>는 북의 대남 선전 사이트인 '우리 민족끼리'에 15000명이 가입되어 있다고 폭로 하였으며 아예 붉은 깃발을 들고 앉아 있는 국회의원도 몇 명 있다. 정부의 여러 기관이나 사회 도처에 포진하고 있는 붉거나 붉으스레한 사람들은 몇 명인지도 모른다.

버진 아일랜드 은행의 비밀 계좌에는 70여 명의 한국인의 것으로 확신하는 870조 원이 들어 있으며 곧 그 명단이 발표 될 것이라 하니 궁금하기도 하고 그 파장이 클 것이라 걱정되기도 한다. 위정자나 국태민안을 입에 달고 사는 사람들의 이름이 들어있다면 그 파장은 화산 폭발에 비견될 것이다.

너무 비관적이고 부정적으로 보고 있지는 않느냐고 묻는다면 일시적인 감기 증상이라고 얘기할 수 있으면 좋겠다. 위기관리에 능하고 숱한 환란을 꿋꿋이 이겨낸 민족이니 슬기롭게 극복해 나갈 것이지만 그래도 냉정해야 할 때이고 지혜를 모을 때라고 말할 뿐이다.

둘러 선 기자들의 카메라를 의식하며 메모지를 흘깃 거리면서 읽는 성명에는 별 관심이 없다. 선거 때가 되면 사람들을 모아놓고 마이크로 떠드는 소리에 귀를 기울이지도 않는다. 재래식 시장 골목도 좋고 선술집 구석 자리도 좋다. 서민의 기쁨과 애환을 함께 나눌 줄 알며 세상을 멀리 보는 이솝과 같은 사람이 정말 아쉬울 때다.

이솝이라면 이때 우리에게 어떤 현실적이고 구체적인 지혜를 줄 것인가 자못 궁금하다.(*)

마약

 마약 사범 두 명이 체포되는 현장을 보았다. 한 여름의 대낮이라 더욱 한가한 거리에서 한명은 두 손을 등 뒤로 수갑을 찬 채 경찰차 보닛에 엎드린 자세로 또 한명은 길바닥에 엎드린 채 수갑을 채우고 있었다. 바닥에 엎드러진 한명은 코피가 얼굴 전체를 덮다시피 하고 있었다. 주위의 사람들에게 물으니 차 안에서 마약주사를 맞다가 누구의 신고로 경찰이 왔는데 두 명 모두 달아나다가 잡혀왔다고 했다. 잡히는 모습도 힘했지만 15세가 조금 넘었을 앳된 아이들을 보는 마음도 편치 않았다.

 마약의 역사는 누구도 정확히 알지 못한다. 그만큼 오래 되었다는 얘기인데 지금은 지구 전체의 공통적인 문제가 되고 있다. 동남아와 아프리카에는 마약 섭취를 일상화하는 국가도 일부 있다한다. 단기간에 큰돈을 버는 수단으로는 적격인지라 마피아 등 범죄조직이 깊이 관여하고 있으며 돈이 궁한 북한의 주요 수입원의 하나이기도하다. 젊은이들에게 널리 퍼지고 있는 것이 골칫거리 인데 많은 나라는 큰돈과 적지 않은 인력을 투입하여 근절에 힘쓰고 있으나 조직화되고 큰 배경이 있어서 쉽지 않은 모양이다. 마약단속을 하던 경찰이 중독되었다는 한국 뉴스도 들었다.

마약은 중추신경을 마비시키고 진통, 마취작용을 시키는 물질이 있어서 의학용으로도 사용하지만 습관성이 있어서 중독되는 것이 문제다.

이름이 알려진 배우, 가수, 예술가 중에도 마약중독으로 사망하는 사람이 많고 아까운 인재를 잃는 아쉬운 뉴스도 자주 들었다. 사인은 약물과다복용으로 인한 심장마비가 주원인이라는데 어떤 상황에서 마약을 시작했든, 유명인사가 된 뒤에는 실제의 나와 밖에 높이 떠있는 나 사이의 간격에 대한 부담을 감당하기 어려워 더욱 많은 마약을 탐닉했을지도 모른다.

몇 년 전 공원에서 어느 노인을 만났다. 평일 오후라 거의 아무도 없는 공원 벤치에 홀로 앉아있는 것을 보고 한 시간이 넘게 산책을 하고 왔는데도 그냥 그 자리에 있었다. 몇 시간 동안 앉아있었던 모양이다. 준수한 얼굴에 기품이 있어보였다.

"나는 에드몬톤에서 은퇴하고 밴쿠버에 살지만, 가끔 이곳에 온다. 아들이 한 명 있는데 앨버타 대학을 졸업하고 토론토 대학에서 박사 학위를 받은 후 유수한 석유회사에 파격적인 좋은 조건으로 입사했다. 나의 자랑이었다. 그 아들이 직장을 그만두고 행방불명이 되었을 때에야 오래도록 마약에 절어 있었다는 것을 알았다. 살던 집은 물론이고 아들이 알 만한 곳에는 휴대폰 번호까지 알려 놓고 있으나 지난 11년간 연락이 되지 않고 있다. 4년 전 발신인 주소가 없는 아들의 엽서를 받았는데 엽서에 찍힌 소인으로 보아 남미 어느 나라에 있는 것 같아 날아가서 한 달 동안 찾았으나 만나지 못했다. 개를 유난히 좋아했던 아들이 소년일 때 개를 데리고 이 공원에 자주 왔었기에 혹시나 해서 찾아온다. 어떤 때는 아들이 이 공원 벤치에 누워있는 꿈을 꾸고 즉시 날아온 적도 있다. 내가 어렸을 때는 또래들과 같이 교회에 다녔고 어려운 일을 만나면 기도를 하였는데 요즘 교회는 노인 몇 명만 보일 뿐 텅 비어있다. 교회를 떠난 아이들은 다 어디에 갔느냐. 아이들이 기댈 언덕이 없어졌다. 캐나다의 교육정책과 사회구조에 문제가 많다."

최근에 UN이 캐나다를 주요 마약 생산 및 공급 국가로 지적 했다. PARTY DRUG의 최대 공급국가라는 것이다. 파티 드럭은 엑스터시, 필로폰 등 파티에서 애용하는 마약류를 총칭하는 용어라 한다. UN보고서에 따르면 2007년 캐나다에서 생산된 마약의 50%가 해외로 밀반출되며 호주와 일본에서 적발된 필로폰의 각각 83%와 62%가 캐나다에서 밀수입한 것이란다.

많은 양의 마약이 지금 캐나다에서 유통되고 있으며 그 거래가 범죄조직과 연계하여 점점 대형화하고 있다니 걱정이다.

우연한 기회에 경비회사에서 20년 넘게 근무하고 있다는 사람의 얘기를 들었다. 소년원 경비도 맡았었는데 6개월을 견디지 못하고 다른 곳으로 옮겼다고 했다. 소년수들의 증오에 찬 눈빛, 자학에 가까운 절망적인 몸짓, 희망을 잃은 늘어진 얼굴을 보는 것이 끔찍했단다.

　나는 앞서 말한 노인을 만났던 공원에 지금도 자주 간다. 그날 이후 그 노인을 다시 만나지는 못했지만, 그가 한 말은 어제 들은 듯 생생하다.

　"내 아들은 어머니도 형제도 없이 자랐다. 나는 장기해외출장을 자주 다녔기에 아들은 사춘기를 거의 혼자 넘겼다. 공부하기를 좋아하는 착실한 아이로만 보았지 아들의 외로움과 정신적 방황을 알지 못했고 알려고도 하지 않았다. 재기 불능의 폐인이 되어 있다 해도 내 생전에 만나 보게 해달라고 기도하고 있다. 사랑과 관심이 부족했던 아비로서 깊이 사죄하는 마음으로 두 손을 꼭 잡아주고 싶다. 따듯하게 안아주고 싶다. 단 한 번만이라도."(*)

믿음

알렉산더 왕에게는 충성스러운 주치의가 있었다. 몇 사람이 그 의사를 시기해서 곤경에 빠트리려고 음모를 꾸몄다. 그들은 왕이 애용하는 컵에 주치의가 독약을 넣었다는 거짓 편지를 써서 왕에게 보냈다. 왕은 여러 사람들과 식사 하는 자리에서 그 편지를 읽으며 의사를 믿고 있다는 표시로 컵에 들어 있는 물을 단숨에 마셨다.

세월이 한참 흐른 뒤인 조선 시대에도 비슷한 예가 있다. 선조에 이어 왕위에 오른 광해군 때의 어의(御醫)는 허준 선생이었다. 왕이 어떤 중병에 걸렸을 때 어의가 조제한 약에는 처장의 하나로 독약인 비상이 소량 들어 있었다. 이를 안 중신들이 왕을 독살하려 한다며 크게 문제를 일으켰다. 그들은 왕 앞에서 은수저를 탕약에 넣어 수저의 색이 검게 변함을 보이며 독약이 들어 있음을 증명해 보였다. 왕은 어의의 의술과 인간 됨됨이를 믿기에 주위의 강한 만류에도 불구하고 그 자리에서 탕약을 마셨고 병석에서 일어났다.

두 왕이 사람을 믿는 믿음은 순수하고 전폭적이다. 믿는다는 것은 이런 것이고 믿을 때는 이래야만 할 것이다.

내가 나를 믿는 믿음과 소망이 나를 살려 낸 예들이 있다.

2차 대전 때 아우슈비츠 감옥을 비롯하여 독일과 유럽에는 곳곳에 홀로코스트가 있었다.
 그 중에 하나인 독일의 콜론 수용소 지하실에는
 "나는 태양이 빛을 발하지 않을 때에도 태양이 있음을 믿으며 사랑을 느끼지 못 할 때도 사랑을 믿으며 하나님이 침묵하고 계실 때에도 하나님을 믿는다" 는 글이 벽에 쓰여 있었는데 어느 유대인이 처해진 상황에 절망하지 않고 하나님의 인도하심으로 가족에게 돌아 갈 믿음을 버리지 않고 있었음이다.
 또 다른 수용소에서는 한 청년이 고향으로 돌아 갈 날이 있을 것을 믿고 대비하며 유리 조각으로 매일 면도를 했다. 간수들에게는 곧 죽을 놈이 면도 하는 것 자체가 유별나게 보여서 언제까지 저러다 지칠 것인가를 내기하며 사형 집행을 일부러 늦추었는데 종전을 맞아 그는 살아남을 수 있었다.
 일제 그 암흑기 때 서대문과 전국 각지, 만주와 중국 심지어 소련의 감옥에는 많은 조선 독립투사들이 있었다. 벽이나 바닥에 남긴 글들에는 가족을 그리워하거나 조국의 독립을 염원하는 간절한 바람이 담겨 있음을 알고 숙연해 지지 않을 수가 없다. 비록 외부의 힘으로 광복의 날을 맞았다 해도 조국이 독립할 수 있었던 것은 그 분들의 염원과 믿음이 있었음이다.
 우정의 대명사로 교과서에 실렸던 얘기가 있다. 사형수인 친구가 죽기 전에 마지막으로 가족을 만나러 떠날 때 그 친구를 믿고 볼모로 잡혀 있다가 친구를 대신하여 사형이 집행되기 직전에 급히 달려 온 친구가, 홍수로 길이 막혀 돌아서 오느라 늦었다는 사연을 들은 집행관이 우정에 감복하여 두 친구를 살려 주었다는 얘기다.

사람 간의 믿음을 말하는 실화도 많이 전해지지만 믿음과 신뢰를 다룬 문학 작품도 많이 있어서 감동을 자아낸다. 춘향전도 사랑 이야기이나 믿음과 신뢰가 주제로 바탕에 깔려 있지 않다면 물레방앗간 사랑 수준에 머물며 지금까지 전승되어 오지는 않았을 것이다.

교회도 마찬가지다. 구세주로 깨달을 것을 믿고 우리에게 오신 예수가, 우리의 죄를 대신 짊어지고 험한 십자가의 형벌을 받았는데 그가 우리를 믿은 만큼 우리가 그를 믿고 있는가? 성경 구절 몇 개를 외워 놓고 믿음이 좋은 척 하지는 않았는가? 예수를 팔아먹으며 살고 있지는 않은가? 교회 안에서와 밖에서의 목소리가 다르지는 않은가? 교회에 등록한지 오래인 나도 그런 부류에 포함됨은 물론이다.

현대는 불신의 시대라고 한다. 가족과 친척 외에는 믿지 말라는 얘기도 있다. 요즈음에는 친척도 가족도 믿지 말고 자신만 믿으라는 얘기까지 한다. 사건과 사고를 주로 다루는 언론의 특성 때문인지 보도되고 보고되는 뉴스를 보면 어쩔 수없이 동의하게 되는 현실이다. 그런 면에서는 참 불행한 세태고 참 불행한 세대다. 그러나 몰라서 그렇지 매우 많은 사람들이 곳곳에서 바르게 살고, 좋고 보람 있는 일과 사회 정의를 세우며 사회의 중심에 서 있음을 나는 믿는다. 일제에 아부하며 부와 영화를 누린 자들이 있는 반면에 자신과 가족을 희생하며 독립 전선에 뛰어든 조상들이 있었다는 것은 자랑스럽다.

　믿음과 소망을 갖고 있다 하여 모두가 그 믿음대로 되는 것은 아니다. 하늘의 뜻을 우리는 모른다. 그러나 그 의로운 투쟁과 싸움은 자손 대에라도 반드시 보상을 받을 것이다.

　오랜만에 공원을 찾았다. 좀 쓸쓸하다는 느낌이 드는 것은 사실이나 눈 덮인 공원은 겨울정취가 제법이다. 믿음과 신뢰를 생각하며 천천히 걸었다. 나는 앞서 예를 든 두 왕과 같은 신뢰를 누구누구에게 주고 있으며 나를 그토록 믿고 신뢰하는 사람은 몇 명이나 될까? 나는 나 자신을 전폭적으로 믿고 있는가?

　청둥오리 한 쌍을 보았다. 걷는 모습을 보니 다 자란 건강한 놈들이다. 왜 길을 떠나지 않았을까? 서로의 체온으로 이 추위를 충분히 이겨 낼 자신이 있는 걸까? 놀랍고 걱정된다.

　오리 걱정할 때가 아니다. 눈이 쌓인 벤치에 앉을 수 없어서 계속 걷다 보니 발이 몹시 시리다. 홀아비거지가 쓰다 버린 발싸개라도 주워 감고 싶을 정도다.

　공원은 서서히 저녁 분위기로 접어든다.(*)

상대편에 서 보기

야구 경기에서 만루 홈런을 친 타자의 표정을 보셨습니까?
시합 끝 무렵에 결승 골을 넣은 선수의 표정을 보셨습니까?
KO 펀치 한방으로 상대를 쓰러트린 권투 선수의 표정을 보셨습니까?
아슬아슬한 표 차이로 국회의원에 당선 된 사람의 표정을 보셨습니까?
재수해서 원하는 대학에 합격한 학생의 표정을 보셨습니까?

다시 묻습니다.
야구 경기에서 만루 홈런을 맞은 투수의 표정을 보셨습니까?
시합 끝 무렵에 결승 골을 허용한 키퍼의 표정을 보셨습니까?
상대의 KO 펀치 한 방에 쓰러진 권투 선수의 표정을 보셨습니까?
아슬아슬한 표 차이로 국회의원에 낙선한 사람의 표정을 보셨습니까?
재수 했는데 또 떨어진 학생의 표정을 보셨습니까?

이긴 사람이 있으면 진 사람이 있다. 하늘로 날아오를 것 같은 사람 바로 옆에는 땅으로 꺼지고 싶은 사람이 있다. 그래서 우리 조상들은 역지사지(易地思之)라 하여 상대편의 입장에서 생각해 보는 것을 인생살이를 하는 중요한 덕목의 하나로 가르쳐 온 것이다.

속도와 경쟁이 일상화 된 인생살이에는 원하든 원치 않든 많은 경쟁을 해야 한다. 이기면 살고 지면 죽는다는 정도는 아니더라도 상대를 눌러야만 하며 경우에 따라서는 죽기 살기의 극한 대결을 할 때도 있다. 경쟁을 하면 이겨야 한다. 상대의 입장을 생각해서 일부러 져 주는 바보는 없다. 지고 나서 선처를 기대하는 것은 동정을 바라는 것이 되고 이기고 포용하는 것은 베푸는 것이 된다. 엄청난 차이다.

늘 이기고 1등만 할 수는 없다. 이기고 짐이 어떤 틀에 묶여 교대로 반복 되는 것도 아니다. 이겼을 때 영원히 이긴 것처럼 자만에 빠지지 말아야 할 것이며 졌다고 주저앉지 말고 다음을 기약해야만 춤 출 날을 맞이할 수 있을 것이다.

기록에 남아 있는 역사상의 인물 중에 온갖 부귀와 영화를 누렸던 솔로몬 왕은 "울 때가 있고 웃을 때가 있으며, 슬퍼할 때가 있고 춤 출 때가 있으며, 찾을 때가 있고 잃을 때가 있고, 전쟁할 때가 있고 평화 할 때가 있다."고 했으니 명성에 걸맞게 지혜가 많았던 사람임에 틀림없다.

  풍년 때 가뭄을 생각하고 높은 자리에 올랐을 때 물러날 날을 생각하고 인기가 있을 때 내려서는 때를 생각하는 것도 맥을 같이 하는 일이 될 것이다.

  이기려면 실력이 있어야 한다. 실력이 있으려면 고통을 이겨내며 꾸준히 노력해야 한다. 이름이 알려진 운동선수들이 직접 쓴 글이나 인터뷰한 기사를 보면 정말 힘든 과정들을 겪었다. 황영조 마라톤 선수는 달려오는 트럭에 뛰어들고 싶은 충동을 여러 번 느꼈다고 했고 어느 수영 선수는 그냥 물속에 가라앉고 싶을 때가 한 두 번이 아니라고 했다. 많은 선수들이 "내가 이 짓을 왜 해야 하고 계속 할까 말까."를 수 없이 반복 했다고 했다.

  올림픽, 월드컵 등 국제적인 운동 경기에 출전하는 모든 선수들의 기량은 뛰어나고 부드럽고 깔끔하고 아름답다. 등수를 매기는 자체가 잔인하다는 생각이 들 정도다. 실수를 하느냐 않느냐의 차이 밖에는 없다. 박수를 보내다가 저들은 얼마나 길고 혹독한 훈련 과정을 겪었을까를 생각하게 되고 노력한 것에 비해 만족할 만한 결과를 거두지 못한 선수들의 실망은 어떠할까를 생각하게 된다. 이렇게 실력 얘기를 길게 하는 것은 내가 실력 쌓는 일에 무지하게 게을렀고 때를 여러 번 놓친 후회가 너무 크기 때문이다.

운동 경기를 예로 들었지만 비단 운동경기 뿐 만이 아니다. 자기 종목만 잘 하면 되는 운동 경기 보다 인생살이는 더 복잡하고 더 미묘하다는 것은 말 할 나위도 없다.

이제 일 년의 마지막 한 달을 남겨 놓았다.
이맘 때 쯤 이면 누구나 거의 예외 없이 지난 일 년을 생각해 보게 된다.
금년 뿐 아니라 지난날들을 돌아보며 점수를 매겨 보는 것도 이 때이고 내년과 앞날을 그리며 새로운 다짐을 하는 것도 이 때이다.

나 위주의 반성과 결단과 실력을 높이는 일이 나 자신을 위해 반드시 필요 하지만 한 가지 더 추가하기를 권하고 싶다. 상대편 입장에 서 보는 것이다. 무심코 던진 내 말 한 마디에 깊은 상처를 받은 사람은 없는지, 가부장적 이거나 독선적인 내 고집에 풀이 죽은 가족은 없었는지, 조그만 내 이익 때문에 어떤 피해를 본 사람은 없었는지, 경솔한 내 모습에 부담을 느낀 사람은 없었는지…… 등을 돌아보며 앞날의 그림에 꼭 반영하기를 권하고 싶다.

우선 나부터!(*)

자존(自尊)

일본 동경대학의 미술사학 교수였던 오까모도 다로오 씨는 한국에 강연과 세미나를 위해 여러 번 왔던 지한파다. 그가 두 나라의 민족성을 비교한 글을 썼는데 한국은 자존이고 일본은 외(畏)라 했다. 풀어서 얘기하면 한국은 자신을 높이는 민족이고 일본은 남을 두려워하는 민족이라는 것이다. 애들 말고 까놓고 얘기하면 <나 잘 났다>와 <너 잘났다>가 된다.

업무 차 일본에 간 일이 가끔 있었다. 상대와 인사를 할 때마다 작은 고민을 했다. 상대는 허리를 몇 번이나 굽히며 정중하게 인사하기에 따라 하면서 도대체 어디에서 인사를 그쳐야 할지 몰라서이다. 식사 겸 갖는 술자리에서는 내가 마신만큼 즉시 잔을 채워 준다. 나도 상대의 잔을 채워 주었는데 얘기를 하다 보면 그 것을 잊어 상대가 자작하는 것을 몇 번 보게 되었다. 결례라 생각하고 신경을 쓰다 보니 얘기는 뒷전이고 상대의 술잔만 바라보게 되었다.

외국에 나가는 일이 지금처럼 쉽지 않은 70년대라 몇몇 중소기업으로 부터 무역 업무를 대행 해 달라는 부탁을 받았다. 회사 차원의 일이기도 했지만 좋은 일이기에 몇 개 회사에서 견본과 가격표를 받았고 내가 다니는 회사의 생산 공장이라 하기로 합의 하며 그 회사 명함은 별도로 만들지 않았다.

그 중 하나가 가죽 장갑 회사였다. 미리 만날 약속을 한 일본 회사의 부장은 공장이 어디에 있느냐고 물었다. 경기도 광주에 있다 했더니 광주에는 이런 이름의 공장이 없다는 것이다. 의뢰 받은 회사의 이름을 댔다. 보여 주는 명단에 그 업체는 한국 장갑 생산 업체 중에 67번째에 들어 있었다. 생산 능력과 자본금을 기준으로 자체적으로 순위를 매겼다며 한국에 가면 꼭 들리겠다고 했다. 내가 아무 말도 못 할 정도로 그들은 자기 분야의 한국을 너무도 잘 알고 있었다. 상대가 미안해 할 정도로 자신을 낮추며 겸손하고 친절하게 다가가서 상대를 철저히 알아내는 그들이 무서웠다. 상대를 알고 난 다음에 그들이 어떻게 행동했는지는 일본의 역사와 근세세계사가 잘 말해 주고 있다. 그리고 나 보다 잘난 사람은 받들고 영웅으로 섬기며 그가 죽으라고 하면 실제로 죽기도 했던 그들이다.

70년대 말, 당시의 한국 공산품 수준을 은근히 밑으로 보며 공부를 많이 해야 한다고 했는데 그 일만 놓고 보면 지금 삼성과 LG가 각각 SONY와 일본 전자 회사들을 누르고, 선박 건조 실력이 세계 1위이고 자동차가 세계 각국에서 달리는 것 등은 상상하지 못했던 일이고 정말 통쾌한 일이다.

그런 일본인과 비교하면 한국인은 저마다 '나 잘났다'다. 자신을 갖고 사는 것은 좋지만 추켜 주면 간까지 빼어 주고 빈껍데기만으로 잘났다고 하는 것이 문제다. 나 보다 잘난 사람은 눈꼴이 시어서 못 보고 없는 일까지 만들어 모함하며 깎아내린다. 영웅이 탄생하기 어렵다. 조선일보의 시사평론가 김대중 씨는 "한국인은 누구도 누구의 말을 듣지 않는 민족"이라 했다. 모두 귀 막고 타협 없이 자기만이 옳다고 막무가내며 자기를 따라 주지 않는 이웃과 세상에 화를 낸다. 모두 나 홀로 장군인데 밖에서 보면 모두 흩어진 졸병같이 보이기도 한다.

캐나다 어느 동네에 편의점이든 술 가게든 처음 한국인이 들어가면 현지의 동종 가게는 울상을 한다고 한다. 거의 하루 종일 문을 열고 열심히 일하니 당해 낼 재간이 없는 것이다. 그러나 또 하나의 한국 가게가 들어가면 둘이 피 튀기는 경쟁을 하다가 둘 다 망하는 꼴을 보며 놀라다가 비웃는다는 애기를 여러 곳 여러 사람에게서 들었다. 내가 망해도 너 잘되는 꼴은 볼 수 없다는 속성의 일부다.

주제를 강조하다 보니 과장은 하지 않았지만 너무 극단적으로 흐른 감이 있다. 나는 태생적으로 일본을 좋아하지 않지만 좋은 점은 배워야 한다. 어느 국가 뿐 아니라 개인에게서도 좋은 점이 있으면 배워서 내 것으로 만들고 싶다.

나 잘난 것도 좋지만 <너도 나만큼 잘났다.>는 생각을 갖고 상대를 깔보거나 무시하는 일 없이 대등한 입장에서 적극적으로 교류할 때에 좀 더 밝은 내일이 있을 것이다.(*)

100년

옛날 사진을 본다. 1890년대 종로, 1903년 남대문 주변, 1905년 CANADA, EDMONTON의 거리 축제 등이다. 한국 사진은 인터넷에서, 캐나다 사진은 도서관에서 빌린 책에 실려 있는 것들인데 건물도 생소하고 사람들의 차림새도 지금과 사뭇 다르다. 말 그대로 예스럽다.

100년 전이면 건축 자재가 다양하지 않고 장비도 변변한 것이 없었을 터이니 사진에 보이는 건물들은 몇 백 년 또는 더 오래 전부터 짓고 살았던 건물들의 일부일 것이다. 옷도 나름대로는 시대에 따라 유행이 있었겠지만 그 이전 오래 전부터 입고 살던 옷일 것이다.

인류 역사 전체를 놓고 보면 지난 100년은 말로 표현하지 못할 정도로 많은 변화가 있었다. 전기가 일반화되며 동력을 이용한 각 분야의 산업이 정신을 못 차릴 정도로 발전하였다. 인쇄술의 발달은 학문과 예술을 비롯한 모든 분야가 광범위하고 빠른 속도로 전파되었고 교통과 통신의 발달은 세계를 하나로 묶어 <지구촌>이라는 말이 어색하지 않게 들릴 정도가 되었다. 특히 컴퓨터 기술의 발전은 4차원의 세계를 넘볼 수 있게 되어 인간이 스스로 만든 기계에 지배 받지 않을까를 걱정하는 지경까지 왔다. 주위의 모든 것들이 급격하게 바뀜에 따라 생활 방식, 풍습과 의식 구조까지 바뀌고 있다. 이런 현상이 인류와 생명체와 자연에 복이 되는지 해를 끼치고 있는지는 당장은 알 수 없으나 가속도가 붙어 각 분야에서 변화에 변화가 거의 기하급수적으로 계속 일어났고 앞으로도 계속 이어질 것이다.

100여 년 전 모습을 담은 몇 장의 사진은 몇 천 년, 몇 만 년 전부터 100년 전까지 자연과 더불어 살았던 인류 모습의 마지막 장면을 보는 듯 아스라한 감상에 젖게 한다.

또 있다. 사진 속의 사람들을 보는 것이다. 지금까지 살아 있는 사람이 있을까를 생각해 보는데 팔에 안겨 있는 아이도 110세가 넘었을 터이니 아직까지 살아 있을 가능성은 없다. 다 어디에 갔을까? 잠시 숙연해진다. 그들 개개인은 떠났지만 생물학적, 유전학적으로 우리 안에 지금도 살아 있다고 결론 아닌 결론을 내려 보아도 무언가 허전하다. 내가 사진 속에 있는 것이 아닌데도 공연히 쓸쓸해진다.

내 몇 권의 사진첩에는 돌 사진부터 지금까지의 많은 사진들이 연도에 따라 차례로 실려 있다. 나이가 들수록 원숙미가 더 하고 멋있어 져야할 텐데 그렇지 못하다는 아쉬움을 늘 뒤따르게 되는 사진첩이다. 자주 보는 것은 아니고 내 개인의 기록이지만 그 중에는 단체 사진도 많이 있다. 10년 전 찍은 단체 사진만보아도 적지 않은 분들이 세상을 떠났다. 어디에서 무엇을 하는지 모르는 사람도 꽤나 많이 있다. 목소리와 독특한 버릇까지 기억하고 있지만 만날 수 없는 사람을 사진 속에서 보게 될 때는 사진이라도 안아 보고 싶은 충동을 느낀다. 20년, 30년 전의 사진은 더 말할 필요도 없다. 그렇게 만났다가 그렇게 헤어지는 것이 사람 관계인가를 새삼스럽게 생각하게 된다.

최근에 찍은 단체 사진에도 10년 뒤면 만날 수 없을 것 같은 분이 몇 분 눈에 띈다. 대부분이 중·장년이니 30, 50년 뒤는 더 말할 필요도 없다. 그 분들이 나를 볼 수 없을 가능성도 매우 높다.

100여 년 전 사진 몇 장을 보다가 잠시 감상에 빠졌었다. 초보 철학자도 되어 보았다. 그러나 지금 만나고 있는 사람들을 좀 더 친절히 대하고 눈길이라도 정을 실어 보내야 하겠다는 생각을 하였다.

어차피 100년 뒤에는 만나지 못할 사람들이다.(*)

악어의 눈물

악어가 눈물을 흘린다.
왜?
먹이를 씹을 때 먹히는 동물의 죽음이 불쌍해서 운다.
중세기, 로마의 사학자 플리니우스가 그의 저서 <박물지>에 그렇게 쓴 이래 그럴듯하게 전해오고 있다. 사람은 슬플 때, 참회할 때, 아주 기쁠 때 눈물을 흘리는데 이를 기준으로하면 악어는 참회의 눈물을 흘리는 것이 된다.

그런데, 동물학자 특히 악어에 관한 전문 학자들은, 악어는 입을 움직이는 신경과 눈물샘의 신경이 같아서 먹이를 먹을 때 눈물샘이 눌려져서 눈물을 흘린다고 말한다. 덩치가 큰 먹이를 통째로 먹을 때, 삼키기 좋게 하기 위해 침이 많이 나오는데 그만큼 눈물도 많이 흘리게 되는 자연적인 반사작용일 뿐이라는 것이다.
요즈음, <악어의 눈물> 하면, 거짓 참회의 상징으로 통용되는 말이 되었다. 힘없고 말 못하는 사람들에게 악행을 행한 후 그 잘못을 덮기 위해 가식적으로 흘리는 눈물, 술수를 감춘 채 남을 속이는 눈물, 패배한 정적과 경쟁자 앞에서 흘리는 위선적인 눈물을 비유하고 있다.

　세월호가 전복되어 바다 속에 거꾸로 잠겼다. 수학여행 가던 학생들을 포함하여 300명 이상이 생명을 잃은 엄청난 사고다.
　선장과 선원들은 승객들에게 움직이지 말고 그 자리에 있으라 하고 달아났다. 선박회사는 수익을 더 올리기 위해 배를 임의로 증개축했다. 승객을 더 태울 수 있었으며 화물을 과적할 수 있었고 그러기 위하여 배의 중심을 잡아주는 평형수를 줄이고 운행하였다. 화물도 눈가림으로 엉성하게 묶었다. 선원들의 교육과 훈련이 없었다. 안전은 물질, 금권 만능주의에 젖어 내팽개쳤다. 배 자체만 보더라도 큰 사고가 날 시한폭탄의 많은 여건을 안고 있었다.
　사고 수습과정도 엉성했다. 초동대응이 미숙하여 아까운 시간을 허둥대다 놓쳤다. 총괄 통제 없이 각기 나름대로 움직이며 우왕좌왕했다. 연관되는 여러 민·관 조직이 원칙과 기본을 무시한 채 그들만의 관행으로 폭력배 조직처럼 운영되었고 그 뒤에는 재벌급의 거대한 종교집단이 버티고 있었다. 점점 밝혀지는 상황을 보며 안타까운 마음은 분노로 바뀌었다. 선원들, 사고현장을 찾은 정치꾼들과 공직자의 모습에서 악어의 눈물이 떠오르는 것은 내 성품이 너무 경박해서만은 아닐 것이다.
　TV에 비친 유가족들의 모습은 차마 오래 볼 수가 없다. 지금의 고통도 어렵지만, 평생 가슴에 묻고 살아야 하는 아픔은 무엇으로 치료받을 수 있을까? 한참 피어나던 아들딸과 헤어짐에 따른 후회, 미안함, 아쉬움과 안타까움을 무엇으로 씻을 수 있을까. 딸의 시신을 본 한 어머니가 통곡하는 모습을 숙연한 마음으로 보다가 그 아버지가 허공을 올려다보며 웃는 장면에서는 기어코 눈물이 났다. 도대체 그 깊이 없는 허탈함을 무엇으로 덮어줄 수 있을까.

사회구조와 흐름이 탁하였고 공직사회의 적당주의와 먹이사슬 고리가 백일하에 드러났다. 한마디로 대한민국의 민낯이 그대로 노출되고 말았다.

반짝 끓었다가 곧 식고 마는 하나의 보통 사고로 끝난다면 나라의 장래가 없고 그들의 희생이 덧없다. 이 사건에서 교훈을 얻고 잘못을 바로잡아야 하기에 국민적 분노가 국민적 훈련으로 이어져야 한다.

우선, 선박을 끌어올려 마지막 시신까지 가족에게 돌려보내야 하고 선박구조를 확인해서 사고원인을 구체적으로 밝혀야한다. 다음은, 떠난 영혼을 기리고 유족들을 중심으로 다양한 의견을 들은 후 유족을 위로하는 방법도 찾아야 한다.

사고책임을 엄하게 물어야 한다. 사고를 일으킨 해운회사의 실주인은 종교재벌이고 그는 교인들을 방패삼아 숨어있다. 큰 집단의 책임자로서의 태도치고는 치사하고 비겁하다. 종교 탄압으로 몰고 가는 것도 유치한 발상이다. 연관된 공무원도 엄하게 다스려야 한다. 그런다고 곳곳에 뿌리박힌 부정과 부패가 일소되지는 않겠지만 본때를 보여 사회정의를 세우는 하나의 계기로 삼아야 한다.

해경이 해체되고 국가안전처가 생겨 일사 분란한 체제를 만든다는데 책상에 앉아 머리만 굴리는 기관이 아니라 현장에 밝고 전문 기술자 중심의 종합본부가 되어야 할 것이다.

이 사고를 정치적으로 다루어 정권퇴진운동도 일어나고 있음을 안다. 이참에 판을 엎으려는 일부 세력의 움직임이 걱정된다. 정부를 비난해야 생각을 많이 하는 사람이고 지성인처럼 보인다고 생각하는 것은 착각이고 국민의 도리가 아니다. 서로 맞서 돌을 던지는 것은 우리 모두를 더욱 멍들게 한다. 모든 국민이 출렁일 만큼 큰 사고였고 정부기관들이 잘못 처신한 부분이 많이 있었다. 그렇다고 정권 타도로 몰고 가는 것은 국가적 혼란만 가중시킬 뿐이고 김정은을 비롯하여 경쟁국들이 바라는 것이다.

지금의 정권은, 누가 집권해도 일어날 수 있는 일이 왜 하필 지금 일어났느냐고 억울해할 것이 아니라 이 정권을 믿고 맡긴 시대적 요청으로 겸허하게 받아들여서 대책 마련에 온갖 지혜를 동원해야 할 것이다. 우리는 차분하고 분명하게 이 어려움을 이겨나가야 한다. 그럴 능력이 있는 민족이다. 케네디의 연설처럼, <나라를 위해 내가 무엇을 해야 하는지> 생각할 때이다.

한국은 빈민국에서 60년 만에 세계가 놀랄 정도로 경제 대국의 기적을 이루었다. 국민정서도 경제처럼 성숙해져야 한다. 경제는 대국인데 국민은 졸장부에 머문다면 60년 고생이 억울하고 윗세대의 희생이 아깝다.

지금은 이런 어처구니없는 사고가 다시는 일어나지 않도록 관계되는 법을 고치고 연관 기관의 구조와 제도를 개선하는데 모두가 지혜와 생각을 모을 때다.

더 이상한 법을 만들든지 역 이용할 수 있는 괴상한 제도가 생기든지 인기를 얻기 위한 피에로 같은 법이 나타나서는 안 되고 더구나 사고와 전혀 상관없는 엉뚱한 방향으로 흘러서도 안 된다.

몇몇 관계되는 사람들이 심각한 표정을 지으며 몰려다니는 꼴이 진정성이 없는 호들갑이라고 보는 나도 꽤나 못됐다.

악어는 지금 눈을 감고 천연덕스럽게 엎으려 있다. 아주 착하고 평화를 사랑하고 모든 것에 초연한 듯한 자세다. 그 모습에서 태풍이 지나가기만을 기다리는 범죄자들의 모습이 스친다. 다음 먹이를 생각하며 능청스럽게 엎드린 악어의 모습을 연상하는 마음이 편하지 않다. (2014. 6. 12)

세상 끝 날에

종말론이 또 다시 고개를 들고 있다. <또 다시>라는 표현을 쓴 것은 내가 아는 것만으로도 여러 차례 종말론이 있었기 때문이다. 899년, 1599년에는 특히 심했다. 모든 세기 말에는 의례히 종말론이 대두 되었다고 하는데 최근에는 그 빈도가 잦고 사회적 혼란을 일으키기도 한다.

1988년에는 대규모 휴거가 있을 것이라는 얘기가 있었고 한국의 이장림 목사가 주축이 된 <다미 선교회>에서 1992년 10월 28일이 인류 최후의 날이라 하여 술렁거리던 때가 있었다. 세계적으로 가장 큰 소용돌이를 일으킨 것은 1999년 7월에 멸망한다는 주장이었다. 전 세계의 여러 곳에서 그를 뒷받침하는 근거들을 제시하였기에 헛소문이라고 무시하던 사람들까지도 혹시나 하는 호기심과 불안을 갖게 되었었다.

1999년의 종말론은 노스트라다무스의 시 해석이 주요 학설이었지만 오늘의 종말론은 여러 가지 과학적 근거를 제시하고 있다.

X행성이라고 불리는 <니비루> 행성은 3600년 주기를 갖고 도는데 그 행성이 2012년 지구에 접근하여 큰 영향을 끼친다고 하였다.

접근 정도가 아니라 지구와 충돌한다는 학자도 있었다. 정교하기로 유명한 <마야의 달력>에는 기원 전 3114년 8월에 인류가 시작하여 2012년 12월 21일에 끝 날 것이라고 구체적인 날을 제시하였다. 지금도 거의 대부분의 사람들이 하늘과 호흡을 같이하고 산다는 <파프아 뉴기니아>의 후리족 전설에는 2012년 인류가 사라지는 것으로 전해지고 있다고 했다. 동서양 특히 동양의 거의 모든 예언가들이 공부하고 참고하는 <주역>도 2012년을 인류종말의 해라 했다지? 그런 모든 곳을 부정적인 눈으로 보거나 미신으로 간주해 버리는 과학자들도 2012년 초강력 태양 폭풍이 불어 와 지구의 많은 것을 태워 버릴 우려가 있다고 경고했고 세계에서 가장 큰 인도네시아 수마트라의 <토바호>화산이 폭발하는 것을 시작으로 큰 재앙이 지구를 휩쓸 것이라고 경고했다. 현대 과학 기술의 집합체라 할 수 있는 미래 예측 시스템 <web bot>도 2012년 지구가 멸망할 것이라고 예고했다. 지구 자전의 축이 바뀐다는 설은 하도 여러 번 들어 이미 상식화 되어 있다 시피 하다.

 예전 같이 하나의 루머로 지나가면 좋으련만 종말론자들의 주장이 너무 강하여 2012년에는 무언가 일어나긴 일어날 것 같은 기분이 들 정도였는데 아무 일 없이 부드럽게 2012년이 흘러갔다. 많은 사람들이 죽고 새로운 생명이 태어나고 셀 수도 없는 사고와 사건이 있었지만 <아무 일 없이>라는 표현을 한 것은 지구 종말을 느낄 정도의 일은 없었다는 말이다. 공해, 쓰레기, 과학 기술 만능을 내세우며 마구 쏟아내는 기계들과 무기들, 인간이 모든 것을 지배할 수 있다는 생각으로 자행하는 자연파괴는 이미 여러 차례 구체적인 경고를 받은 바 있다. 홍수, 태풍, 쓰나미, 지진, 산불에다 이상 기온은 현재 우리가 받고 있는 경고의 일부분일 뿐이다.

성경도 인류의 종말을 얘기하고 있다. 성경 여러 곳에서 종말의 날의 모습을 구체적으로 보여 주고 있다. 다만 그 날이 언제인지는 하나님만 아신다고 했으니 미리 종말의 날을 말하는 자체가 월권행위다.

나는 세상이 끝나는 날을 어떻게 맞이해야 하는 줄 아직 모르고 있다. 스피노자는 <내일 지구가 망한다 해도 나는 사과나무를 심겠다.>고 했다. 어떤 황당한 일이 벌어져도 평상심을 잃지 않겠다는 그의 초월함이 부럽지만 그런 경지에 오르지 못한 나는 내일 지구가 멸망하는 것을 알면서 사과나무를 심는 쓸데없는 짓은 하지 않을 것이 분명하다.

다만, 지난날들을 돌아 볼 것이고 이 꼬락서니 그대로 심판대 앞에 섰을 때 어떤 말을 해야 할 것인가를 생각해 보는 시간은 가질 것이다. 종말론을 말하는 사람들이나 관심이 있는 사람들, 그냥 스쳐 지나치는 사람들 모두가 <지구가 멸망하는 날이 멀지 않았다면>을 생각한다면 잠시나마 건전하고 아름다운 세상이 되는 부수효과는 있을 것이다.

노아의 홍수 이래로 물로는 다시 세상을 멸하지 않겠다고 하셨으니 얼핏 생각하게 되는 것이 불이다. 화산 폭발이든, 하늘에서 유황불이 쏟아지든, 땅 속의 불이 치솟든 산더미 같이 몰려오는 엄청난

불에 놀라서 본능적으로 몇 미터 달아나다 뒤통수를 맞느니 불의 파도를 정면으로 바라보며 엎드릴 것이다.

"이제는 그 나라의 영광을 보게 하여 주시옵소서."

내가 천당에 오르든, 지옥으로 떨어지는 것은 내 마음대로 되는 일이 아닌 내 영역 밖의 일이다.(*)

이길 님의 <흔적>을 읽다

--조형진 (시인)

내가 개인적으로 특별한 의미를 부여한 것은 아니지만
좋아하는 낱말 몇 개 중 흔적이 있다.
그 흔적을 첫 수필집 제목으로 쓰신 것부터 마음에 든다.

무거운 것 같은데 가벼운 미소를,
가벼운 것 같은데 무거운 의미를,
능수능란하게 꾸며내신다.
대화의 수법이 고단수이며
간단명료하고 군더더기 없는 표현 방식은
감탄을 금치 못하게 한다.

조금은 어눌한 것 같은 표정과
유난히 눈동자가 깊고 그윽한 모습이
새삼 내 무릎을 치게 했고
그러면 그렇지!
더 이상 토를 달 수 없는

문장 구성의 달인이라고 단언하고 싶다

〈사물놀이〉의 현란하고 황홀한 시적 감각
읽다말고 벌러덩 누워 천장만 바라보았다
내가 시를 쓴다고……
부끄러워

어린 날의 본의 아닌 바보짓으로
"미안해 정말 미안해"
껌 사건의 진심 어린 미안함을
이제 제가 용서해 드리겠습니다
나는 조금 눈물이 나왔다

작품마다 내 마음에 변형을 일으켰다
〈쥐는 쥐다〉와 몇 작품은 여러 번 읽었다
작가님의 방대한 독서량을 발견할 수 있고
군데군데 천사 같은 심성도 나를 따듯하게 만들어 놓는다

일일이 다시 더듬어 보고 싶은 글들
정말 잘 쓰셨습니다
그리고 잘 읽었습니다

해박한 지식과 능청스런 유머와
싶게 이해시키는 교훈과
작가님이 가고 걷고 보고 만나는
모든 것들을
반짝이는 별 같이 이름답게 바꾸어 놓으며

가슴 뭉클하여 혼자 눈물짓게 하고야 마는
작가님의 수려한 언어를
다시 만나게 해 주세요